"十一五"国家重点图书出版规划项目

北京市社会科学理论著作出版基金重点资助项目

启功全集

（修 订 版）

第 七 卷

三语集外集

北京师范大学出版集团
BEIJING NORMAL UNIVERSITY PUBLISHING GROUP
北京师范大学出版社

图书在版编目（CIP）数据

启功全集（修订版）.第7卷，三语集外集 / 启功著. —北
京：北京师范大学出版社，2012.9
ISBN 978-7-303-14712-0

Ⅰ.①启… Ⅱ.①启… Ⅲ.①启功（1912—2005）—文
集 ②汉字—法书—作品集—中国—现代 ③中国画—作品
集—中国—现代 Ⅳ.①C53 ②J222.7

中国版本图书馆CIP数据核字（2012）第 180964 号

营销中心电话	010-58802181 58805532
北师大出版社高等教育分社网	http://gaojiao.bnup.com.cn
电 子 信 箱	beishida168@126.com

QIGONG QUANJI

出版发行：北京师范大学出版社 www.bnup.com.cn
北京新街口外大街 19 号
邮政编码：100875

印 刷：	北京盛通印刷股份有限公司
经 销：	全国新华书店
开 本：	170 mm×260 mm
印 张：	372.5
字 数：	5021千字
版 次：	2012 年 9 月第 1 版
印 次：	2012 年 9 月第 1 次印刷
总 定 价：	2680.00 元（全二十卷）

策划编辑：李 强	责任编辑：李 强 陶 虹
美术编辑：毛 佳	装帧设计：李 强
责任校对：李 菡	责任印制：李 啸

启功先生像

目 录

少作一首

酷热中书之，汗渍满纸。

驰道风尘里，垂鞭五月来。

嬉游乃士女，钟鼓断楼台。

碧柳萦堤舞，红蕖映日开。

殷勤照青鬓，勺水似相哀。

（二十世纪四十年代）

题史树青填词图

久从侧帽识清标。好句如云满碧霄。

不许梅溪夸绚丽，直将奇彩压韩潮。

（二十世纪四十年代）

题松窗居士画马

旧梦沙场万里开。时危应念出群材。

自知无分歌天马，也作苍蝇附骥来。

（二十世纪四十年代）

社课三首

太液池泛舟

花明别苑似江皋。月夜扁舟破寂寥。
孤塔影涵无色界，虚廊人立可怜宵。
情怀阅世偏多恶，灯火穿林未易骄。
仿佛垂虹姜白石，不烦红袖伴吹箫。

醉　吟

侧艳才多愧八叉。醉吟时见墨歃斜。
白衣慷慨惊燕市，碧草芊绵梦谢家。
万物有情终有恨，半生无益送无涯。
悬知昌谷工呕血，赢得青春两鬓华。

题秋山图

高岭嵯峨曲涧幽。树中虚阁俯清流。
日常睡起无些事，消受江南一片秋。

（二十世纪四十年代初）

题红树秋山图

红树秋山飞乱云。白茅簷底界斜曛。

此中大有逍遥意，难说于君画与君。

（二十世纪四十年代）

实秋先生出佳楮命画，因拟云林子笔

西风吹散白鸥群。秋色平分碧海云。

鸿雁不来梧叶老，夕阳亭上正思君。

（一九四三年）

拟元人画意

近水晚逾碧，远山秋未黄。

夕阳寒满地，松影落衣裳。

（一九四五年）

山中有寄

得青峰蜀中书，有为逸民之志。因写渔隐图寄之，时丙戌春日。

红烛深堂照寂寥。一窗寒雨夜潇潇。

画无济胜东西路，心有怀人上下潮。

黍谷春迟冰雪在，剑门花落梦魂遥。

问君欲袖丝纶手，小隐西山或可招。

（一九四六年春）

端石小砚铭　为王大山

端溪之英其质殊。

精圆火捺如明珠。

掌中之宝便于书。

端石砚铭　为傅大卣

视如茄皮，

抚如凝脂。

兼发墨与宜笔，

研以书者知之。

次韵松风翁夜坐感怀

只手谁能障去波。但凭精进逭蹉跎。
名心淡自烽烟后，世路平因阅历多。
忠孝成丹能换骨，山林招隐枉牵萝。
披衣已觉风霜薄，漫拟梁鸿庑下歌。

（一九四七年）

题淡墨图

树老非关雨露深。图成淡墨费沉吟。
东风不长闲枝叶，似我频年阅世心。

不寐有作

孤枕难成寐，惊心午夜鸡。
江山已如此，元不计安栖。

南乡子　题友人临兰亭

　　题周敏厂临兰亭卷，敏厂最喜元人陆继之摹本，卷尾有敏厂、邦达题诗。

　　褉帖入昭陵。定武欧临隔壁听。但爱元人摹本好，精能。无限波澜腕底生。　　椽笔富先型，纸上如闻战马声。书苑于今传胜迹，飞腾。大展云图万里程。

题罗汉像砚拓

广洲先生命题，因为作赞。

此石之可爱，在雕与镌。
此纸之可贵，在蜡与毡。
较青蚓章侯之真迹，殆亦莫能或之先也。

为君彦先生画墨竹

风裾月佩紫霞绅。翠质亭亭似玉人。
要使春风常在目，自和残墨与传神。

（一九四七年）

题云峰石迹图

云峰石迹共模糊。曾见敷文得意图。
画髓辋川君记取，笔端青霞入看无。

（一九五〇年）

题徐渭画卷

　　青藤道人中岁病狂易，自记行实，署曰"畸谱"，屡称崇兆纷纭。盖精神颠倒，至老未已也。遗迹中铭心之作，首推石渠所藏折枝石榴，山水则自写青藤书屋图，题云"两间东倒西歪屋，一个南腔北调人"者，妙趣横生，为无上逸品。此卷杂写花竹，各系绝句，署曰三绝，谁云不宜。农历辛卯夏五月获观于海王村畔，时快雨新晴，乘兴题咏，珠玉在前，殊堪自愧也。

　　　　宿雨新凉起研池，一庭花竹碧参差。
　　　　南腔北调风流在，醉墨淋漓写折枝。

　　　　无端崇兆厄畸人，异世名高四百春。
　　　　难得一编三绝具，华歌墨舞认来真。

　　　　　　　　　　　　（一九五一年）

看　花

　　　　到处行窝便似家。一春生计付看花。
　　　　朱栏细雨枝残醉，紫陌凝妆泛晓霞。
　　　　尚有鹃声啼客路，莫将绮语护轻纱。
　　　　诗人无复盘空句，一任飘茵几队斜。

　　　　　　　　　　　　（一九五四年夏）

南乡子 奉题新作红楼人物

韩瀚同志属题红楼梦人物册，原图各有太虚幻境中各册谶语。中山狼画为虎，殆有用意也。

异谶似童谣。多少金钗梦里销。一部红楼谁可比，离骚。泽畔灵均若可招。　　妙绘见丰标。爱憎分明笔下描。特写豺狼成恶虎，提高。可杀之人必不饶！

（一九七三年）

南乡子 小令奉题新腔

题韩瀚同志自度腔联套《阎王怨》

曲谱创新章。信手拈来自度腔。敢与词仙姜石帚，当场。倒海翻江较短长。　　联套写阎王。本事希奇我不详。似比齐天孙大圣，还强。十殿居然一扫光。

（一九七三年）

谢 赠

从颂斋翁借临杨西亭袖珍小册，遂蒙见赠。临毕寄还，题以志谢。

借画只图留稿，何期解赠征骖。
珍重明珠十二，拈来迴向庄严。

（一九七四年秋）

题谢稚柳先生《塞上牧马图》

谢公稚柳余故人也，不晤已逾十载。一九七五年六月获见其近作牧马图，笔思精妙，题尾犹见超轶绝尘之致。因次韵一首，就正郑重同志并发稚老一笑。

大漠云开晓气澄。粘天草色胜青绫。

平生肺腑今无恙，老骥堪追万马腾。

（一九七五年）

致黄苗子先生

（一）

叛徒粉碎不成帮。意外听来喜欲狂。

转眼狐臊难再冒，当心狗腿未全光。

四人一甕登时捉，八蛋同宗本姓忘。

从此更须齐努力，莫随东郭放豺狼。

（一九七六年）

（二）

于友人案上见传抄咏杨太真诗，所以讽"四人帮"者，但恨其人之不称耳。因抒鄙见，得句八首。

东施蒙不洁，丑秽加一倍。
妙句咏蝇蛆，可惜他不配。

鞞鼓动地来，蛾眉马前死。
倒霉杨太真，遇上陈玄礼。

一架西洋镜，中间四个人。
如今拆下了，不值半分文。

只批四个人，打击不扩大。
帮人如治帮，刀自帮外下。

连天鞭炮响，又是一年春。
昔日同帮者，应悲少四人。

被逼男为盗，因贫女作娼。
莫将两好字，抬举"四人帮"。

四个教唆犯，要使天下乱。
忽然被隔离，四个大笨蛋。

臭下几万代，相形粪亦香。
从今惜文字，不咏坏婆娘。

（一九七六年）

谿 达 诗

不羡香山履道居。雄都庑畔赁茅庐。

丛残字校墙中本，谿达诗捻颔下须。

指习单勾成饿隶，心经义战见丰腴。

衰迟骨肉期功尽，哀疾空传简札书。

（一九七六年）

题潘天寿墨笔牡丹、陈佩秋工笔设色牡丹合卷

水墨铅华共写真。袖中不灭是香尘。

徐黄未见人间换，小卷新留大地春。

（一九七六年）

题萧淑芳百花图卷

萧淑芳同志百花卷中多海外异品，画笔生动尤堪钦服，宜乎陈英、金岚同志珍藏什袭也。

陌上花开缓缓归。香飘满路尽芳菲。

画家留得春长驻，红不清矅绿更肥。

满卷奇葩不可名。灵根岂必出寰中。

中华朋友遍天下，百草千花也共荣。

（一九七七年夏至）

题宋文治太湖胜览图

微波万顷洞庭秋。一握云山足卧游。

正是梅花芳讯好，屡从卷尾望吴头。

（一九七八年元旦）

书陈毅元帅诗后

是非当日已分明。创业奇勋久策成。

一事无成犹有恨，未能亲见捉江青。

（一九七八年二月）

南乡子　和袁君

岭南袁君先生祖贯邯郸，来诗索和，赋此答之。

赤帜树高坛。诗国人钦百尺竿。海若潮音传万里，波澜。数叠华笺是大观。　　献岁试柔翰。短句芜篇贺履端。余子寿阳搔首望，邯郸。学步无如和韵难。

（一九七八年新春）

录黄庭经句

余有论书旧作云："赫然一卷房中诀，堪笑黄庭语太村。"友人见之，以为黄庭与道藏不属房中之部，而谓鄙说不确，因集此首示之。

长生要眇房中急，壮龠关门盖雨扉。
升降五行一合九，玉池清水上生肥。

（一九七八年）

登旅顺白玉山观日俄战迹

斑斑寇迹昔年留。易世登临愤未休。
绝顶振衣还自傲，海波无际拥金瓯。

（一九七八年五月）

题陆俨少画云山

云委山弥峻，秋深树未黄。
俨翁吾所敬，画笔最清苍。

（一九七八年）

题潘絜兹画朝鲜仕女弹伽耶琴图

安坐抚伽耶。灵堂静不哗。

写人能写境，声绕一窗纱。

（一九七八年）

题李可染画牧牛图

仿佛江南昔日游。几声牧笛伴村讴。

纷纷画手谁同调，浓墨专为孺子牛。

（一九七八年）

题关黎合作野猪林图

醉打山门鲁智深，又飞禅杖野猪林。

要知起义英雄汉，没有争权好色心。

（一九七九年秋）

唐长孺索画扇面以诗见酬，次韵答之
时同在中华书局校点二十四史

片云空谷降瑶篇，何啻卑枝借羽翰。

学诩朱旗标北斗，诗驱白浪涌东山。

当阳路线开新运，快雨郊圻洗暮寒。

最喜春风同坐处，朗吟奇句胜加餐。

题沈祖仪画，画作水边杂卉，上有长虹

水乡花卉尽奇珍。写入生绡百态新。
彩练缤纷如有意，当空系得四时春。

（一九七九年）

题周哲文印谱

刻毛泽东诗词全部，每句一石。

君家先代曾斩蛟。至今传得昆吾刀。
剜犀劚玉透纸背，印林并世惊人豪。
主席诗词卅余首，一句一句红泥飘。
革命老辈富文彩，镌石行比南山高。

（一九七九年）

题陈师曾墨竹卷次苍虬翁韵

昔闻长者说槐堂，其艺其人合师表。
擅场宁止画与书，广坐千言笔横扫。
像铸长缣胜岛容，碑竖人言卑戴稿。
茧纸腾光竟未焚，应是温韬闻竹好。

（一九七九年）

南乡子　奉答曹氏故居之争

　　近年有人寻曹雪芹故居，于西郊见二处，何者为真，争论未止。或以见询，赋此答之。余年四十以前，迁居十次。以此推论，理自见也。

　　议论乱如麻。遗址重重不易查。众说之中俱可信，无差。事理分明莫以加。　　漂泊是生涯。数月安居已足夸。贫到一锥无立处，搬家。再有三间不算夸。

南乡子　失名人作盘山图，不佳

　　官辙忆明时。处处舟车处处诗。二十年前闻绪论，如斯。展卷灵光俨在兹。　　图画绿参差。水复山重盖有之。可惜盘山余未到，无辞。补得南乡子半支。

留别西泠印社

　　参预西泠印社七十五周年纪念大会，临行留别，率成二首。

　　八零年代近初春。喜见宏猷四化新。
　　势比钱塘潮水阔，同心八亿趁潮人。

　　盛会躬逢胜读书。却惭席上一诗无。
　　花时再乘东风力，饱看湖山锦绣图。

（一九七九年十二月）

参预古文字研究会年会献颂二首

昔传星斗焕文章。真见文星聚一堂。
考古证今新义富，篇篇玄著迈三苍。

学海吾惭预胜流。又从北国到南陬。
车书枉说赢秦一，那及今朝有壮猷。

（一九七九年冬）

17

题友人画三首

琴心

圆月当窗影未斜。深闺有兴抚迦耶。
三韩久沐唐文化，诗韵琴心是一家。

献荔图

贵妃一笑荔枝来。驿马奔驰蜀道开。
异日上皇经剑阁，始知天子怕年衰。

华清赐浴图

春寒赐浴华清池。正是三郎大醉时。
醉得渔阳鼙鼓动，天旋地转不曾知。

（一九七九年）

玉楼春 医院见闻

老包患病名癫痫，造影曾查脑血管。长春医院记分明，去岁初冬七日晚。　　回答确切如刀斩。未扎脖子心怀坦。大夫不信请来观，颈肉何曾有针眼。

（二十世纪七十年代）

题衡山翁丛兰修竹卷

春云骀宕楚天高。远护珍丛润彩毫。
奇境不教幽谷擅，国香无际满江皋。

翠墨浓挥四坐风。三湘景物最葱茏。
拈来拂日凌云笔，写得竿头万玉丛。

（二十世纪七十年代）

踏莎行 口腹之欲

大欲存焉，饮食男女。分明口腹先标举。奇鲜异味自何知？舌头三寸牙关里。　　咽下咽喉，馀甘无几，不分贫富全如许。舌如蜥蜴颈如龟，人生幸福方无比。

（二十世纪七十年代）

南乡子　与病友笑谈再造丸

病者患风瘫。手足偏枯举动难。费尽功夫寻妙药，金丹。几粒人参再造丸。　　名气不虚传。一字微讹再造完。服后纵然逢力士，休搬。铁症从今似泰山。

（二十世纪七十年代）

渔家傲　住院

有病何如无病好。卧床依旧逢干扰。病友桌边一个宝。哇哇吵。收音机比公鸡早。　　一日停开无几秒。神经随着音波绕。一事离奇不易晓，开开了。主人却向楼门跑。

（二十世纪七十年代）

19

题松花江砚次朴翁韵

鸭头春水浓于染。柏叶贞珉翠更寒。
相映朱玶山色好，千秋长漾砚池澜。

（一九八〇年）

望江南　荣宝斋三十周年纪念

荣名好，寰宇早传扬。鸿业重开三十载，朋来四海聚高堂。欢笑共飞觞。

宝山积，四友萃文房。鸾凤和鸣龙虎跃，笔歌墨舞信铿锵。民族有辉光。

（一九八〇年）

奉题黄山图

浓墨淋漓大有神。乔松相伴几千春。
笥河学士应多逊，七到黄山绝顶人。

（一九八〇年）

题葡萄图卷

翠花西园醉笔。怀民、子鹤、文治、启功合写长卷，启功题尾共奉陈英、金岚同志俪赏，时庚申夏日也。

藤蔓曲藏蛇，须尾纤于鼠。
秋雨一淋漓，葡萄几嘟噜。

（一九八〇年八月）

中国古文字研究会第三届年会召开，敬赋二首

千载扬雄道不孤。文光彪炳聚成都。
骈阗龙水云亭路，尽是耆英问字车。

辽海珠江两会才。蜀山今雨八方来。
古文字比群芳艳，寰宇同春处处开。

（一九八〇年九月）

悼孙毓棠先生

虽焚笔砚，不足以报赏音于九地，敬书断句，用达衷忱。毓棠先生长功一岁，精于中外史地，及经济之学犹有深诣。同在中华书局标点清史稿，时历七载，喜拙书而不肯见索。痛何可逭。

精深学养路崎岖。并几丹铅谊最殊。
阮氏焚车我焚砚，短章痛代秣陵书。

21

中秋怀台湾同胞

骨肉分携岁屡经。团圆佳节信关情。
今秋大地新更化，天际冰轮分外明。

（一九八〇年）

过 扬 州

廿年诗句碧纱笼。多谢阇梨饭后钟。

遥望木兰遗迹在，凄凉孤塔夕阳中。

（一九八一年）

为人民文学出版社建社三十周年题

文学创自人民。出版已周卅春。

今值改革开放，百花又见翻新。

（一九八一年三月）

费新我先生墨宝展览奉题

秀逸天成郑遂昌。胶西金铁共森翔。

新翁左臂新生面，草势分情韵倍长。

（一九八一年冬）

次韵周策纵教授见赠

香江学海识宗工。匝地楼台罨画中。

杯酒倾心人共醉，夜灯促膝焰弥红。

久钦大著齐山斗，自愧芜辞拜下风。

论到石头拊掌处，谁如我辈印深衷。

（一九八二年）

虚白斋读画四首

初谒虚白斋，均量先生首示恽王合册，前有王虚舟题亘古无双篆书四字，可谓三绝之品，余别有文记之。

> 忆昔初登虚白堂。法书名画耀缥缃。
> 竹云妙篆初经眼，亘古无双恽与王。

斋中藏文衡山小楷录沈石田与诸友唱和落花诗长卷。壁衡山署名作列宿，壁字未经添笔作壁，为所见文书落花诗唯一真迹，余别有文记之。

> 妙什长洲沈石田。衡山小楷录瑶篇。
> 久淆壁璧题名事，雾漫星躔五百年。

斋中所收不重宋元虚名，唯求笔精墨妙之作，所谓存精寓赏，乃真鉴者。

> 书不标奇索晋唐。闲关抱画首清湘。
> 几人识得收藏趣，寓赏存精鉴最长。

主人以藏品捐赠香港市立美术馆，并影印精装，以飨鉴者。从此所藏珍品，化身千百，有功艺苑，是可钦也。宋人刘道醇著圣朝名画评，为评画最早之作，其持论在张彦远郭若虚外，独树一帜。

> 天水曾传名画评。绘林月见首趁城。
> 添毫徒提传神法，摄魄还输影印精。

（一九八二年三月）

忆江南　题书展四首
庆祝党的十二大书法展览奉题

十二大，举世共欢腾。老壮高歌童稚乐，相呼祖国见中兴。万象庆升平。

十二大，消息动人心。重转宏图看大业，创新局面得佳音。一字值千金。

十二大，决策见才贤。经济振兴新路线，三中全会定机先。民以食为天。

十二大，团结老青中。济济和衷标盛会，熙熙长健祝群公。人寿自年丰。

（一九八二年九月）

画梅偶题

孤山冷澹好生涯。后实先开是此花。
香遍竹篱天下暖，不解风雪压枝斜。

（一九八二年冬日）

月 季

昔闻花圃擅燕郊。红紫纷披色最饶。

移傍小楼人共寿，芳颜月月不曾凋。

（一九八二年）

唐代文学研究会成立于西安，赋贺

秦宫汉阙久荒凉。雁塔无言倚夕阳。

欲效蚍蜉傲李杜，如今晨轨见重光。

薄发端从厚积来。三唐韶护谱今开。

文心织就千年锦，遥羡群贤妙剪裁。

（一九八二年）

致高槻市长

为鉴云青风信帖，自携拙笔过东瀛。

春迟未饱看花眼，遍地繁樱一萼红。

（一九八三年三月）

和李一氓先生

一氓老人手书竹园感旧诗见赐，蕴藉得诗人妙旨。敬次元韵，以申嵩祝之忱。

炎歊经雨晚凉开。击楫高歌志不灰。

捧作词仙嵩华寿，葡萄红酒白螺杯。

（一九八三年）

十六字令　游子愿

花。骨肉同根各一涯。游子愿，何日早还家。

（一九八三年新春）

十六字令　贺宇野雪村书法展

豪。五岳遥齐富士高。兄弟谊，晨夕海通潮。

（一九八三年二月）

旅　日　诗

朝暾如火出扶桑。物厚风淳世代长。

史笔妙同浮丗绘，千花百草好春光。

（一九八三年）

画后题诗

酒次点笔兴尽，无可复著笔墨，因题小诗以俟大雅。癸亥正冬识。

怪石临流水，相依得古槎。

天空盖地阔，且待补寒鸦。

（一九八三年）

台声杂志嘱题

峡水中分骨肉亲。星移可望得回春。

一邦两制相携手，共做欢天喜地人。

（一九八三年）

跋墨林集锦卷

此卷出宋塑佛藏中，白麻坚致，持赠陈英同志复索点染。因缀细竹，信所谓佛头著粪矣。

藏经拖尾。洁白可喜。

嘉友命笔。惜哉宋纸。

（一九八三年冬日）

题致美斋

推潭仆远见声诗。酒食甘醇又一时。

如此盛筵真致美，千年早有远人知。

（一九八三年）

环保节征题，小诗敬祝熊猫幸福

祖国多珍亦足豪。飞声今日属熊猫。

行看衽席重登处，遍地丰年绿竹高。

（一九八四年春）

题宋文治黄山云雾图卷

黄山奇胜涌仙云。松色岚光雨未分。

试与梅家论格调，笔端造化定输君。

（一九八四年）

题 画 竹

烟笼寒水月笼沙，掩映风枝几道斜。

不必凌歊消酷热，推篷放眼是生涯。

（一九八四年）

鹧鸪天　车祸

群众哗然出大楼。愤传两命已全休。站台牌下人多处，横闯车前血水流。　　烦借问，甚因由。您跟我校有何仇。车轮撇嘴开言道，不是冤家不聚头。

数日之间死两人。出门千万要留神。靠边走是安全术，莫向车门把手伸。　　出小巷，几逡巡。一看二慢记须真。哪知血洒人行道，必是轮盘别样新。

（一九八四年）

题辽宁沈延毅书屋

白山黑水气葱茏。振古人文大地同。
不使龙门擅伊洛，如今魏法在辽东。

（一九八四年夏）

题红模字课

一去二三里，烟村四五家。
昔年窗下课，今日眼中花。

（一九八四年秋）

四川省诗书画院成立志庆

艺绝诗书画，行成言德功。
渊源溯巴蜀，文物最葱茏。

祖国重光日，文明大有年。
丹毫书宝历，椽笔赖群贤。

（一九八四年十一月）

题 牡 丹

小诗寄题曹州牡丹。牡丹古称木芍药,谢灵运诗中始言牡丹。

木芍药发沉香亭。谢客题诗早正名。

众卉任教南土盛,花王北国擅芳馨。

（一九八五年三月）

俚言奉贺朵云轩廿五周年纪念

艺圃丰功罔废纷。书城重见策奇勋。

阳和廿五周星际,灿烂天南一朵云。

（一九八五年春）

和梁披云

敬次披云先生赐诗元韵

雅座书坛迈等伦。德成为上艺深淳。

行来南国瞻光霁,喜沐春风四座春。

（一九八五年九月）

席上尝新,敬次披翁元韵

酒令如军数举杯。清尊北海绮筵开。

北人初识奇珍味,异错疑从异域来。

（一九八五年九月）

庆祝故宫博物院六十周年纪念

紫禁城头日色黄。奇金异宝聚梯航。

人禽觚角升平署，竹帛翩翩档案房。

博物院开新局面，金銮殿换旧辉光。

合成六十周年庆，解放新天后半强。

（一九八五年八月）

有　感

　　舒铁云咏扬州石塔寺诗有云：饭后钟声亦偶然。纱笼何事艳相传。山僧若是无情者，未必留诗二十年。率题其后。

世态僧情薄似纱。壁尘随手一层遮。

笼时岂为留题句，应是诗人误自夸。

（一九八五年八月十八日夜，不寐时作，

抄毕已十九日五时十分）

题赠《濠江文谭》

濠上濠江地不同。文思相印漆园风。

三巴胜迹行更始，鼓吹南天仰大宗。

（一九八五年九月）

赋得"雁过拔毛"

南来飞雁一身毛。笔砚当前长不牢。
拔到衡阳君莫看，光皮烤鸭一同焦。

（一九八五年）

山东杂诗

秦皇汉武望长生。受祚求仙笑柄腾。
海晏河清人自寿，独夫从古不曾经。

草鸮猴面称珍鸟。无耳昼盲落鸟岛。
栖栖独自在樊笼，始识遥观兼听好。

一弯月色一滩涂。水碧山青举世无。
仙境不须求物外，行人步步踏明珠。

（长山岛月牙湾）

绛宫明灭晓云开。遗迹烟墩见古台。
可迈秦皇超汉武，及身真得到蓬莱。

（烟台）

（一九八五年）

张廉卿、宫岛咏士师生纪念碑落成

讲筵畿辅首莲池。鄂渚文宗艺苑师。
薪火百年传海澨，贞珉仰止寄遥思。

（一九八五年）

题赠青年教师

从来造化本无私。喜见松苍竹茂时。

抱雪凌阳嘉荫远，好培修篁长新枝。

（一九八六年春节）

为香港文汇报题词

高文总汇，风行四海。

正义斯张，长垂异彩。

（一九八六年夏）

题韩天衡印存

铁笔丹毫写太虚。纵横肯綮隙无馀。

周金汉玉寻常见，谁识仙人石上书。

（一九八六年夏）

献给教师节

积年留手痕，有时见心血。

将此一寸诚，献给教师节。

（一九八六年）

中华书局七十五周年纪念

文明教育藉缥缃。懋绩丰功世不忘。

七十五年人共寿，瑯函如海业辉煌。

（一九八六年十一月）

俚句奉题西泠艺报

湖山胜概首西泠。石好金佳备艺能。

岂独越中增纸价，寰区同与播芳馨。

（一九八六年秋日）

登玉皇山戏题

胜绿重到西湖。画船来往纡徐。

快雨高山美景，烟云一片模糊。

（一九八六年秋）

题朱屺瞻兰竹石

卷首钤印太仓一粟，丙寅新春，启功观题。

乱头粗服见真如。水色兰馨意态殊。

自古仙乡钟秀气，太仓粟粒尽明珠。

（一九八六年）

迎 宾 诗

霍英东先生惠临北京师大参观，因赋小诗一首，以代鼓瑟吹笙之敬。

嘉树长垂万亩阴。育才从古胜籝金。
杜陵广厦峥嵘际，最见怀乡爱国心。

（一九八六年）

题千岛湖

初闻千岛是名区。水色山光画不如。
莫笑沈吟无故实，东坡未到说西湖。

（一九八六年）

35

跋董其昌书法中堂

启功获观，次韵题后，时居首都。

怀素终朝醉，松间挂一壶。
千年论草圣，有此嗣音无?

（一九八六年冬日）

题凌沧、率英、懋忱三先生联合画展

六十年来翰墨情。欣看老友妙丹青。
挥毫即是长生术，艺海同舟万里程。

（一九八七年一月）

赠邵逸夫先生

逸夫先生慨捐巨金为我校筹建图书馆研究馆,今后库书可多供阅读,学人之福也。欢喜赞颂,因成小诗,即呈雅鉴并希教正。

不须顶礼焫名香。广厦长裘即道场。

典籍有归真幸事,文明增重好资粮。

百朋建阁供专用,万卷开缄出秘藏。

欲写寸心拈颂语,祝君福德海无量。

（一九八七年一月）

重游兰亭

永和佳会已千秋。异世重光胜旧游。

鹅去媪来王逸少,可容秃笔问张侯。

（一九八七年四月）

为希望工程题水墨长城图

弥天希望大工程,多少儿童待启蒙。

济困扶贫培国本,非同纸上画长城。

（一九八七年）

书　笺

书无完法，各如其人。

学以致用，功在终身。

兼收博采，有诀唯勤。

十寒一曝，笔砚堪焚。

（一九八七年夏）

华夏基金会成立五周年纪念

同胞爱国同心。共筹华夏基金。

建此育才盛业，行看嘉树成林。

（一九八七年夏日）

题八大山人海棠春秋图轴

此传蘂上人真迹，何负白文小印尤为希见。

无端哭笑岂无端。点画畸零出岁寒。

小印明心何所负，枯毫和泪墨难干。

（一九八七年夏日，启功获观于坚净居敬识）

如梦令　贺巴黎大学熊秉明教授书法展

展览，展览。使我顿开双眼。中秋月满天清。更有红灯绿灯。

红绿，红绿。照我今宵团聚。

（一九八七年中秋）

题黄崖关长城

黄崖关口势峥嵘。名胜昭垂史册青。

不朽元戎戚元敬，千秋硕画仰干城。

（一九八七年冬）

为广东省老干部活动中心题

书画益身心，有乐无烦恼。

点笔日临池，能使朱颜保。

操瓠肢力活，不用策扶老。

敢告体育家，行健斯为宝。

（一九八七年初冬）

天津艺术博物馆馆庆

沽水无从问草堂。墨缘重得汇缥缃。

卅年擘划初基好，会见腾飞胜业长。

（一九八七年）

集褉帖字奉题

岁在丁卯暮春之初，兰亭盛会

临风朗咏畅怀人。情有同欣会有因。

可比诸贤清兴永，水流无尽岁长春。

（一九八七年）

题黄永玉画猫头鹰，自题为善最苦四字

历史曾经倒转来。鲍鱼终究伴枯骸。

人生苦乐何须计，试看鸱鸮眼半开。

（一九八七年）

题刘海粟泼墨画

浇尽平生块磊胸。衰颜今喜发春红。

愿携苔水无双笔，十上黄山第一峰。

（一九八七年四月）

日本成田山新胜寺弘法大师道场开山一千五十年纪念

正脉山阴风信书。金刚秘印证真如。

我闻灌顶拨灯法，毫杵平生勉未辜。

（一九八七年）

邢侗自书诗稿卷跋

白傅云："镵石破山，先观铲迹；发矢中的，兼听弦声。"此桩公案，可通书道。一九八八年三月获观邢子愿诗稿真迹，敬题尾纸，自幸附骥。曼殊启功。

来禽才气本纵横。鼓努虽强世所惊。

南董但知持引踊，不如纸上听弦声。

（一九八八年三月）

贺《红楼梦》程甲本出版

红楼书韵发奇香。文苑新开万顷堂。

四部如今收不尽，梯山航海看琳琅。

（一九八八年春）

题蓝瑛兰竹石

米元章蜀素卷尾，董香光七十九岁跋云：崇祯七年岁在癸酉子月。末识时年七十九岁，其中必有一误，然无碍于真迹也。

蝶叟画山称浙派。丛兰更出名山外。

一卷长笺气势雄，神融笔畅堪居最。

干支小误岁初逾，董题米卷前车在。

艺荒手倦不能临，还君明珠宜宝爱。

（一九八八年夏）

题文徵明墨笔山水

一九八八年夏日旅次香江，获见衡山妙迹，自喜老眼增明，欣拈二韵以纪胜缘。

几叠清泉万仞峰。精皴密点见奇踪。

林间定是停云馆，仰止高贤独听松。

（启功并识，一九八八年）

西泠印社成立八十五周年纪念

万绿西泠。金石维馨。

八十有五，竹寿松青。

（一九八八年冬）

自　嘲

偶写茶成茶，拈句解嘲，然实一字也。

茶苦名高转作茶。形邻音近字相差。

笔端错别何须怪，只要休逢训诂家。

（一九八八年）

41

题健碧甲子画兰

艺事无今古，拈来各有长。

羡她陈健碧，随手画潇湘。

无须点额黄。彩笔染群芳。

兰叶如飞剑，无霜却有香。

（一九八八年冬）

小诗敬颂林垦事业

种树谁知最苦辛。十年未必可成林。
全民有责爱生态，盗伐人来并力擒。

（一九八八年）

戏题西安饺子宴

二十四番花信风。雕花剪叶出蒸笼。
美观美味珍奇品，嘉宴如游艺术宫。

研究《红楼梦》得句

三曹之后数芹侯。妙笔高程绩并优。
神智益从开卷处，石狮两个一红楼。

（一九八九年）

为系学同志题

系学同志富于收藏，以素册索书，因次前页萧钟翁韵奉题。

江山佳气郁青苍。海岳虹光照秘藏。

无价应超九府值，画书双表迈南阳。

（一九八九年夏日）

题王学浩山水

椒畦画本出四王，乱头粗服每有收拾不尽处，而魄力沉雄淋漓尽致之作，亦有前修所不及处，如此卷是也。

溪山无尽树华滋。水墨淋漓出仲圭。

妙迹四王纤仄处，浓皴大点逊椒畦。

（一九八九年夏日）

43

《文史知识》百期纪念

民族凝聚力，首在知文史。

理工还要办，自亦识厥始。

百册今初盈，千里此一跬。

题辞祝宏猷，不自愧其俚。

（一九八九年十月）

楚翁主席柏龄大庆

九三学社全体社员敬祝

学苑群贤仰大宗。华嵩千仞立乔松。

莹怀治国安民久，馀事声诗宝墨丰。

益世早经标德赛，订顽几度辟愚蒙。

仙筹鹤算新添处，南极人瞻万寿翁。

（一九八九年十月）

题田世光画和平鸽

获观此图，欢喜赞叹，因题二十八字。

珍禽修洁自梳翎。佳号长传举世名。

愿把斯图寰宇共，止戈同乐是和平。

（一九八九年冬日）

题田世光春朝图

百花齐放好春光。雉尾遥同鹊笑长。

屈指艺坛谁巨擘，田家彩笔胜林良。

（一九八九年冬）

赠《群言》五首

群公群策宣群力，积德积功更立言。
值此休明应鼓吹，百川归海恰同源。

雅颂成章是正宗。黄钟大吕最雍容。
群公自爱生花笔，涤荡烦芜削变风。

盛世开聪可与言。金人尚见口三缄。
几多有北曾投者，不为工谗为信谗。

香烛高烧供蜜糖。送神一路上天堂。
我今敬祝群言报，好事多言学灶王。

无复长江滚滚来。滔滔昏垫现黄能。
可知神禹应无术，几道龙门凿不开。

（二十世纪八十年代）

45

题《百子图》

短句奉题金浩同志画百子习武图

曙光初照演兵场。百千儿女意飞扬。
止戈不在当筵胜，西楚王孙未过江。

（二十世纪八十年代）

如梦令 题马、夏画影件

以马夏画照片赠友人，附以小词

马夏我曾学过。早把头皮碰破。稿本本无多，又复七零八落。
请客，请客。真正以邻为壑。

无处再观真迹。照片尚存神气。煦沫似枯鱼。欣赏自饶针契。
注意，注意。万勿踢球游戏。

（二十世纪八十年代）

次朴翁韵奉题一首

周书下笔开生面。不数江东羲与献。

神清骨秀柳当风，实大声洪雷绕殿。

初疑笔阵出明贤，吴下华亭非所见。

不须旋转腕重徊，范我驰驱辔轻捻。

拙题五降不容弹，饶舌丰干应取厌。

（二十世纪八十年代）

题孙玄常书画展

耆年饱学工文章。我服海宁孙玄常。

晴窗点染适清兴，衡山抗手胜香光。

（二十世纪八十年代）

偶　赠

诗人嘉兴壮林泉。健笔临池合自然。

一语欣闻真法乳，人间艺事本通禅。

（二十世纪八十年代）

题《小学生阅读》

　　小学生阅读报以素册属题，勉托空言自知不符大体，将来见报再加删削。

阅读阅读报。学生成爱好。

既得长见识，又得励德操。

前题指其归，后跋阐其要。

拙题附骥尾，观者发一笑。

（二十世纪八十年代）

47

自题水墨荷花

静色清香本绝尘。何堪妄比赋中身。

脂腥粉污惊鸿影，子建应非解事人。

（二十世纪八十年代）

依作剃头诗

我乡旧俗,最忌以剪剪发。父母之丧,子女始剪发一络,纳亡亲手中。平日惟用刀剃也。顶留圆发,如器之盖,而剃其周围。亡人平卧,只剃额上,谚称留后。清人有诗曰:

闻道头堪剃,何人不剃头。

有头皆可剃,无剃不成头。

剃自由他剃,头还是我头。

请看剃头者,人亦剃其头。

率题依之:

闻道官能倒,何曾倒不官。

有官方可倒,无倒不由官。

倒自他称倒,官仍我是官。

请看官倒者,人亦倒其官。

(二十世纪八十年代)

作画勉题

此弃物也,而主人惜之,命题而入箧,亦顾不得惭愧矣。

毛竹细如毛,丑石副其丑。

不贵画法高,难得面皮厚。

(二十世纪八十年代)

酒后戏题荷花

花半头，叶半片。

墨不浓，白吃饭。

（二十世纪八十年代）

题竹石兰

竹石兰，成三友。谁鉴斯盟在吾手。

（二十世纪八十年代）

翠花西园小集题多人合作花卉

八零年代意如何。手种盆池草木多。

举似主宾同一笑，岁朝聊当吉祥歌。

（二十世纪八十年代）

朱笔兰花

清泉白石寿同长。深谷高山有国香。

何必西湖寻胜迹，几丛无愧水仙王。

（二十世纪八十年代）

题白石山翁画二首

眼似樱桃腹似梨。一头两耳自相齐。

虽分黑白难为算，惜在无笼并少鸡。

一年可感簪头菊，八月堪怜恋地瓜。

毕竟山翁诗第一，画三篆二论无差。

（二十世纪八十年代）

跋汉砖拓本

傅大卣兄拓古金石得潍县陈氏之法，手拓汉二十字吉语砖征题，题者极多，不减三本华山碑。吉语用韵，昌年通押。

俨然一块大封泥。如此方砖至足奇。

拓妙已超潍水上，题多欲使华山卑。

字删点画违浃长，韵叶阳先异陆词。

于此会通为学事，要增常识破常识。

（二十世纪八十年代）

自题画朱竹

修篁千尺领诸孙。总是春风雨露恩。

浓绿已曾偕万木，更持丹荩照乾坤。

本来明月是前身。恰值无边大地春。

万树东风千点墨，国香长伴两诗人。

（二十世纪八十年代）

题　画

疏影横斜妙境开。石边修竹脱蒿莱。

寿阳奇服增新样，点额严妆有绿苔。

（二十世纪八十年代）

题佛经拖尾

涤后仍留不坏身。心光一画四时新。

山川万幻自长寿，千载辉煌壁上珍。

（二十世纪八十年代）

题王大山、郑乃珖合写梅竹

白玉梅花占上春。丹砂竹叶倍精神。

双清曾见宣和本，转觉前修逊后尘。

（二十世纪八十年代）

定香亭小景

定香亭畔小勾留。风物依稀似旧游。

半角遥山荷万柄，丹青传得晚风秋。

（二十世纪八十年代）

自题硃笔兰竹

密节疎香满一林。并句滋长藉春阴。

写真惯弄丹铅笔，犹见平生可告心。

（二十世纪八十年代）

南乡子　杜康驯虎

　　友人为北京酒厂作杜康驯虎图，画作一叟在前，后随一虎，虎口衔一葫芦，因题。

　　佳酿出燕都。举国欣然络绎沽。不是画师多异想，非诬。老虎唇边挂一壶。　　一叟作前驱。自历岭崎似坦途。云是杜康演马戏，迷糊。酒气冲天笔自殊。

（二十世纪八十年代）

画竹赠梁敬荷

荷弟重洋负笈，修经廿七霜寒。
索我衰迟笔墨，爱图竹报平安。

（二十世纪八十年代）

53

发　稚　老

节序逢惊蛰，头昏又一年。
紫长如蚓死，白阔逊蛙翻。
落笔蝇难似，提禅蝨杳然。
卫生成绩好，无帐亦安眠。

（二十世纪八十年代）

题画一首

黄山松，烧成烟。

制成墨，垂千年。

磨作潘，饱毫端。

画得山水饶诸妍。

（二十世纪八十年代）

文房四宝杂志征题

文房宝。制宜好。

纸柔和，砚不燥。

笔有尖，墨胶少。

写出字，认得了。

（二十世纪八十年代）

学衔进步

鄙衔提高，言之可愧。近有小句，录呈闻知侪辈，可发一噱。

卅年老婢成房妪，儿女成行有凤麟。

今日降来花诰轴，居然唤作太夫人。

（二十世纪八十年代）

跋明王铎草书诗卷

思政同志得拟山真迹见示，命题，即希削定。

　　健笔孟津王，拓来逼晋唐。

　　裂裙王子敬，怀砚米元章。

　　结雾霏烟淡，奔雷坠石狂。

　　迢迢三百载，依旧墨华香。

跋董其昌溪山村舍图

德政先生属题，即次卷中旧韵博教。

遥山留黛一痕鞿，影落秋河夕照滨。

小卷华亭传法脉，愧斋低咏尔何人。

（一九九〇年三月）

庚午夏日次石田翁韵

　　尺幅零玑古，椽毫妙意深。

　　如闻流水曲，纸上证同心。

　　有竹师迁笔，清疏点染中。

　　流传五百载，艺苑宝遗踪。

（一九九〇年）

为《大观》《宝典》题词

伟大中华。文化一家。

语言虽异，情感无涯。

民族同荣。兄弟之情。

语言文字，共义殊形。

（一九九〇年）

北京师范大学出版社建社十周年纪念

发扬精神文明。教育民族群英。

出版好书千万，事业十年大成。

（一九九〇年夏日）

天津国际友好城市艺术节征题

世界名都。指屈津沽。

节扬艺术，国际欢愉。

（一九九〇年夏日书颂）

题华嵒西园雅集图

走笔补白，可谓佛头著粪矣。

解斁妙笔风格殊。松阴竹畔群贤居。
世间何处有此境，如读西园雅集图。

新罗师承我不知。只见兴怀放笔时。
挂角羚羊空四际，沧浪意境阮亭诗。

两首诗馀尚空白。尘点珍图冷金额。
山人有知呵斥加，异代钦承是奇获。

（一九九〇年秋日）

57

北京第十一届亚洲运动会奉题

亚运村开气象新。雄姿兢爽德为邻。
霍然飞跃天行健，联袂东方起巨人。

（一九九〇年）

题董其昌林泉清幽图

华亭妙墨，元气淋漓。功初习画自此入门，至今见之，犹有桑
下之恋。

山川浑厚晓云稠。画境痴翁每探幽。
继体华亭遗派远，四王思服共低头。

（一九九〇年）

题谢伯子画册

池塘青草谢家春。绘苑传承奕世珍。

妙诣稚翁归小阮，披图结念似前尘。

（一九九〇年）

顺德县大良镇补壁

歌庆丰收韵最酣。大良名镇首城关。

寻梅旧迹尤堪忆，顺德山光冠岭南。

（一九九〇年冬）

奉为书画报补白

同源更同功，在心尤在手。

信笔画龙蛇，徒费墨千斗。

（启功自箴，一九九一年书）

临江仙　侬咏九华山

敬次朴老维摩元韵，以应界定上人之嘱。九华山平生未到，只于图画中见之。"青天削出金芙蓉"太白句也。

九华巍峨图画里，朝飞暮捲岚容。恍然千里见神峰。炉香遥自焫，合掌礼金蓉。　　筋力乍衰吟兴在，低回摩诘高风。名山登览愿难穷。道场皈地藏，佛迹仰天中。

（一九九一年五月）

跋朱屺瞻百花册页

屺翁此册乃七十岁作，近日适周百龄，画笔精健，益臻神逸之境矣。拜观妙迹，敬题册尾。

百寿仙翁腕力强。拈来众卉共芬芳。
画中便是游踪录，嘉种难名出万方。

秘诀长生首摄心。神存毫颖墨痕深。
去来纸上超时序，万卉同开傲上林。

（一九九一年夏日）

奉题成都艺术节

成都艺术节，百花潭水边。
少陵如可作，定有好诗篇。

（一九九一年）

师 颂

半生攻苦，端正立身。

言传道义，行表群伦。

为师戒惰，为学增新。

受人所敬，先无愧人。

（一九九一年夏）

跋怡园雅集聚众贤精品

先师戴绥之先生曾馆于怡园顾氏侧楼，例授女弟子以闺门必读诸蒙书。心兰先生见之曰："此宜名闺门不必读。"虽一时戏语，亦征先生之卓见也。当日怡园招诸名家为六法之会，吴秋农先生实为祭酒，缶翁亦或偶预焉。此卷心翁墨梅之后，又集缶翁二长歌、一砚铭，俱属绝精之品。按瞎牛先生名炼，字心兰，喜画梅，此卷作于辛丑，盖庚子世变之翌年也。缶翁砚铭作于壬午，翁年卅九。赠秋农一段，作于庚寅，翁年四十七。赠疏香诗一段，则七十七岁老笔也。此等备文献艺事于一卷者，最称雅玩，展读回环，敬识于后。

艺事金间踞上游。沈文一脉足风流。

白阳奔放包山谨，点染从不让瞎牛。

盛集怡园聚众贤。秋农雅韵最居先。

缶翁旁出书排奡，妙绝题铭小砚砖。

（一九九一年夏日）

题西泠画卷

昔在西泠印社偶拾素纸，僭题引首，岁月不居，宝绘遂盈一卷。重观欣得眼福，再玷纸尾。

鸿爪当年到处留。西泠旧梦几经秋。

阖簪每忆拈毫乐，一卷琳琅纪胜游。

（一九九一年）

题毛尖茶

小诗奉颂信阳龙潭毛尖名茶

佳茗贵毛尖。摘来趁雨前。

烹成饮七碗，生翅作飞仙。

（一九九一年冬日）

题 兰 竹

快雪初晴。室有馀清。

兰修竹劲，共寄幽情。

（一九九一年冬月）

兰 竹

挺立长身早著绯。下方蔀屋惠兰肥。

莫疑此境人希见，一笔能操万化机。

（一九九一年）

贺中国人民银行银花书法协会成立

文化中华盖代雄。民生国计在金融。

从今笔墨讴歌处，火树银花一样红。

（一九九一年）

赠京丰宾馆

京邸邻南苑，丰年大有秋。

嘉宾四方至，携手乐清游。

（一九九一年）

赠蒋震先生

自古人材重似金。常闻奖掖喻甘霖。

辛勤乐育无穷意，最见拳拳爱国心。

（一九九一年十二月）

为重庆大学写赠邵逸夫先生

事业宏开。全仗人材。

心存祖国，慨助义财。

育人进德，继往贻来。

同胞共仰，爱国风裁。

（一九九一年）

为北京四十一中七十周年校庆题

北京四十一中，原为平民中学，一九二一年由陈垣先生创办，自任校长。一九五二年私立平民中学由北京市政府接管，改为现名。

教育大业，首及齐民。

缔造所自，先师励耘。

树人伟业，垂七十春。

培国之栋，作席上珍。

（一九九一年）

俚言寄题慧园纪念馆

巴蜀人豪巨著《家》，鸿名一世众相夸。

慧园文物无言教，后学长钦冠代华。

（一九九一年夏日）

题白雪石先生千峰竞秀图

漓江江上矗奇峰。翠带金簪一望中。
行遍辋川无此境，右丞何故号南宗。

（一九九一年夏日）

辛未大吉

迎春试笔，敬拈俚句以申羊年之颂

迎春开泰兆三阳。万事亨通大吉祥。
龙马精神功已就，长林丰草看群羊。

（一九九一年）

为中国书法家协会十周年题

影响大，机构小。十年之前方针早。
发展广，成就快。第一届会基础在。
近五年，我尸位。名虽有功实有罪。
千悬捶，辜负笔。写成保守馆阁体。
愿从今，会中人。书法推陈尽出新。
学荀况，赋成相。祝同志们寿无量。

（一九九一年）

题都安画纸

云英妙制胜南朝。工业西南壮与瑶。

助我狂书三万字，不伤斑管兔千毫。

（一九九一年五月）

题画补白

可爱玲珑石，宜人窈窕竿。

晴窗朝日好，留影四时看。

（一九九一年深秋）

65

赠人人大酒楼

美酒如刀能断愁。前贤佳句妙无俦。

如今举世同欢喜，两盏三杯任劝酬。

（一九九一年十月）

奉为徐邦达先生书法展

法眼燃犀鉴定家。兴来挥笔现龙蛇。

眉山体势渔阳胆，添得维摩丈室花。

（一九九一年十一月）

贺北京图书馆博士论文提要出版

文化欣欣向荣。更多学术争鸣。

枵腹勉题赞颂，惭为博士先生。

（一九九一年）

为钱学森先生画松

如日之新，如月之恒。

如南山之不老，如松柏之长青。

（一九九一年）

奉贺张裕酒厂百年

饮中仙客喜颜开。佳酿绵延百岁来。

举世共持希世宝，蒲桃美酒夜光杯。

（一九九二年）

如梦令　中华书局八十周年题

八十周年特刊，事业蒸蒸不老。出版尽香花，没有一根毒草。真好，真好。伟大中华之宝。

（一九九二年）

新得小砚铭

年七十九得此砚。磨墨适手书适腕。
掌上浮云才一片。伴我几时姑且看。

（一九九二年）

广东中华民族凝聚力研究会惠存

粘如胶漆。甘如饧蜜。
民族众多，团结如一。
中华文化，繁荣洋溢。
凝聚千秋，永世迪吉。

（一九九二年）

跋张大千十殿阎王礼佛图

天堂地狱之说，小乘所以导俗者。六道升坠，亦未闻明律何功何过，当归何趣。且民间俗忌，各地不同，诸殿冥王称谓互异。儒家学者，虽并不尽废施食，而未见广张水陆诸图，以怵众心，而昭惩劝之效者。今大千先生手摹敦煌经卷附图，实为古籍留影。即以绘画功夫而论，此卷底本并不优于今贤临本也。拜观之后，口占小诗，并书卷尾。

大愿慈悲地藏王。狱空不惜以身偿。
阎罗律例谁曾读，难与人间较短长。

（一九九二年春）

跋吴镜汀先生江山揽胜图

长卷江山揽胜图。层崖险峻树扶疏。

门生白首瞻遗墨，掩泪难为跋尾书。

（一九九二年新春）

题潘天寿先生画

独立云林一片石，纷繁众卉蝶相依。

寿头陀笔无穷寿，静阅阎浮是与非。

（一九九二年）

为岛田弘一题

古文旧书考，昔仰岛田翰。

今晤弘一君，博学追前贤。

盛气集竹寺，共结金刚缘。

从所衣带水，长同风月天。

（一九九二年冬）

随喜竹寺口占，即留山门，以充供养

丹枫翠竹满坡陁。锦鲤优游漾绿波。

到处生机相印证，西来妙义共无讹。

（一九九二年）

奉题《中国佛乐选萃》出版流通

鱼山梵呗久稀传。法曲遥闻亦胜缘。

更喜威音环宇宙，群生福聚海无边。

（一九九二年冬）

题《教育实用美术字》

《教育实用美术字》一书出版在迩，观其稿本，豁然心胸。因为题赞。

字形美与丑。观者心中有。

直尺与圆规，百花在其手。

碑额与印章，其妙在结构。

古今虽有殊，艺术无先后。

（一九九二年）

题　画

旧梦迢途岁月长。风筝竹马事都忘。

画家妙有回春笔，唤我童心老货郎。

（一九九二年）

题周怀民先生画梅、计燕孙夫人画鸟

如鱼得水，如鸟同声。

竹石之寿，梅萼之馨。

（一九九二年）

赠桂林市松园宾馆

八桂七星岩。松园旅客瞻。

漓江涵万象，独秀冠群山。

驿道望秦北，文风贯岭南。

我来三宿后，诗稿压行担。

（一九九二年十一月）

赠桂林市博物馆

平生奇绝属兹游。水带山簪太古留。

间气所钟名迹富，人文桂海冠南陬。

（一九九二年十一月四日奉题）

戏题大三元酒家意见簿

大三元服务员精心服务，宾主至诚感谢，敬说俚语，永为纪念。北师大出版社来宾全体留言。

贵宾岂敢，意见为下。

海品极鲜，火锅不大。

东坡肉肥，活虾可怕。

酒足饭饱，佳肴无价。

再写一张，十足表扬。

红白蜡烛，大放光芒。

酒足饭饱，欢喜若狂。

再来一次，支票一张。

服务奖金，山高水长。

（多谢多谢！启功留颂。服务员要求签名
落款，又及 一九九二年十一月二十四日）

奉题沈鹏先生书展

仆获交沈鹏先生逾三十载，观其美术评论之作，每有独到之处。所作行草，无一旧时窠臼。艺贵创新，先生得之。近将展出所作，因拈二韵，以志钦佩。

杜陵诗论通伯高。迈于汉魏变风骚。
从心草圣龙蛇笔，世纪无前近可超。

（一九九二年）

北京师范大学九十周年校庆

栋梁栽培代代贤。宏深德泽久流传。
师生教学常相长，木铎金声九十年。

（一九九二年）

题云麓台山水轴

烟客晚年，所藏多已易主，文孙所得，惟陈廉所摹巨册，见麓台题跋。

麓台专学黄家法，剧迹无从见大痴。
巨册陈廉摹妙绘，祖庭传授见风姿。

（一九九二年中秋）

梵净山碑林征题

梵呗传三界，潮音净六根。

众山眼底小，南国此峰尊。

（一九九二年秋日）

题秦仲文先生课徒画稿

小诗题仲文先生课画遗墨。先生自号梁子河，村人得王元照群峰拱翠图，因以颜其书室。

造化偏钟梁子河。盘山终古石磐陀。

群峰翠色流传遍，兰竹篱披见未多。

画稿纷推芥子园。半千安节有渊源。

仲翁不惜金针度，留得心传纸数翻。

（一九九二年）

中国书店纪念

愚昧可疗。素质能高。

知识力量，慎勿轻抛。

（一九九二年秋）

中国共青团建团七十周年纪念

中国青年。所向无前。

创伟大业，接革命班。

组织建设，七十周年。

人民之望，敬献嘉言。

（一九九二年五月）

题杨仁恺藏画　次冯其庸王世襄先生韵

（一）

烟云隔海照金台，一卷奇山入座来。

顿使李成难措手，砚池馀瀋化崔嵬。

（二）

不待刘醇作画评。山川元气暗流行。

辋川去后丹青换，风雨如磐别样情。

（一九九二年十一月）

细雨兰竹

轻雷细雨助春阴。兰竹相依共素心。

宿墨泼来添怪石，晨窗三友听微吟。

（一九九二年）

为北京师范大学图书馆题

北京师范大学图书馆，藏书丰富，不让首都诸学府。更常举办学术咨询讲座，阖校学风，为之一振焉。出册征题，拈句为颂。

人间福地有琅嬛。坐拥图书即是仙。

不独芸编千万卷，更珍席上聚群贤。

（一九九二年）

奉题友人六鹤图

浩荡春风纸上铺。梅开草长遍西湖。

名家笔下新生面，不减宣和瑞鹤图。

（一九九三年借寓同乐园）

75

南乡子　评酒

何用上樊楼。美酒如刀已断愁。今日老年多乐事，为牛。大业无穷干不休。　　特曲味醇柔。四座朝霞满颊浮。处处牧童遥指引，村头。名产神京第一流。

（一九九三年）

中国印刷博物馆奠基纪念

文化流传，印刷有术。

广教后人，馆开博物。

（一九九三年十二月）

赠乃和学长

不薄今人爱古人。龙门登处最嶙峋。

山中柯烂蓬莱浅，又见先生制作新。

（一九九三年）

题傅抱石高士行吟图

思接千载事，凝虑动容仪。

神驰笔随意，吴带当风起。

（一九九三年）

吉林雾凇节征题

雾凇木稼实奇观。南土稀逢北地宽。

雪岭冰川增异景，森林竟作玉壶看。

（一九九三年）

为《南方文艺》创刊三十五周年题

古质今妍，三十五年。
南陬文艺，又谱新篇。

（一九九三年）

偶　得

绿净不可唾，此语足千古。
天水淡相涵，中有数声舻。

（一九九三年）

题四仙图

积翠园小集，宋文治画松，白雪石画石，关山月画梅，启功醉笔拈句，共号神仙，足征逸兴，启功附识八十又一。

松树参天。石古梅妍。
三友作画，题成四仙。

（一九九三年）

徐州酒博览会奉题

名作赞名酒。书画般般有。
博览会中来，人人饮一斗。

（一九九三年）

为茂成火锅城题

巨擘群推涮肉名。茂成大业火锅城。

老饕齿落犹能饱，软嚼宜人此菜羹。

（一九九三年）

宁夏举办黄河文化节征题

常言文化出黄河。浊浪长年万里波。

但愿水清人共寿，小康温饱发高歌。

（一九九三年十二月）

题画虎两首

动见神威静可驯。斑澜如画出天真。

龙行云起谁曾见，武德文雄逊此君。

画虎从来下笔难。要令猫犬不同看。

艺林谁是伐山手，气韵如生此巨观。

（一九九三年四月）

为国家教委源泉工程作

自立民族之林。首在培植身心。
童蒙以至成立，教养源远流深。

清泉之水一滴，高价应过千金。
无数栋梁在望，始于寸寸嘉阴。

（一九九三年五月）

为新华航空公司开业

瞬息腾飞万里空。九洲三岛俯看中。
山崇水阔何能阻，但乘朝霞旭日红。

（一九九三年六月）

挽黄药眠先生

功臣罪在功，败将幸在败。
酉下考终命，可庆安平泰。

（一九九三年六月）

题寿翁钢笔画

董寿翁即兴以钢笔作画，云此为平生第一次也，且令启功题句。

钢笔纵横任意挥。森翔金铁出新裁。

仙翁九十丁宁说，此是平生第一回。

（一九九三年八月）

为尤印画长卷题

百花齐放万年枝。好鸟飞鸣众态奇。

每见西风吹乱叶，眼明今喜见芳姿。

（一九九三年十二月）

《书法》杂志百期纪念

书苑萧条久，孤鸣第一声。

刊成一百册，叶叶起飞鸿。

墨守无馀地，金铖有大功。

绵延更千万，艺海见豪雄。

（一九九四年）

全国政协、人大代表联谊会奉题

文化中华四海同。人和情洽政昌明。

峥嵘两会欢腾日，书画迢迢续一灯。

（一九九四年三月）

韩国庆州博物馆留题

文化千年薄海同。新罗古史有遗踪。

我今远渡来东国，欣见青铜最巨钟。

（一九九四年九月）

赣州宋城文化节征题

一年流水又将阑。章贡台高晓色寒。

南望繁华文化节，应知四海共腾欢。

（一九九四年冬）

题赠农民画家江绍干
江绍干同志书画展览开幕志贺

来自农家江绍干。山水风光人乐见。

天真质朴之画师，自学成才之模范。

（一九九四年）

赠邵华泽

华泽同志命题，因成十六字令四首求教。

书。霁晚萧晨兴不孤。挥洒处，歌舞满天衢。

书。真草随心笔自如。天作纸，云物卷而舒。

书。一卷诗词韵有余。精意写，字字似明珠。

书。巨细咸宜艺最殊。山岳重，腕底变通途。

（一九九四年）

82

题陈少梅真迹精品《童子折桂》

少梅先生真迹精品，甲戌首夏，香江客次。

天真英妙玉为姿。自折冰轮桂一枝。
不必颂他多富贵，聪明长保少年时。

（一九九四年）

题画二首

大光、张刚同志出示稚柳、健碧妙绘合卷，因题小诗二首以求俪教。

艺苑沤波与道升。一灯双管拨贤声。
山明水秀苕溪派，七百年来有代兴。

摆脱吴装传宋法，唱随心印共新筌。
一函宝轴收双璧，四味书堂有胜缘。

（一九九四年）

83

题大千先生卷后

此大千先生乘兴之作，意在青藤白阳之间，而清茜过之。殿侯氏周经营集粹山房，亦鉴家也。

游屐燕门盛一时。墨华璀璨上林枝。
最奇一卷空香色，却听声声画里诗。

寒玉诗怀近六朝。五言佳句咏葡萄。
当时何惜同挥洒，日观玄珠并一抛。

（一九九四年）

为中国书画报创刊十周年题

十年报誉满津沽。书画新闻辟坦途。

今日征诗留纪念，我惭老笔太糊涂。

（一九九四年）

跋程邃山水

焦墨纵横垢道人。江南山水最传神。

遥知六法因缘胜，顶好楼中富好春。

（一九九四年中秋）

题谢稚柳甲戌画竹

抹月批风笔未残。更将馀墨画琅玕。

湖州真迹归君指，为我何时写一竿。

（一九九四年）

乙亥新春题任萍仕女画《冷月葬诗魂》

芹溪妙笔摄幽魂。尽象穷形托雨村。

举世好探脂砚语，几人卷里识文真。

（一九九四年）

题嘉福先生黄山图三首

岳与天齐。日月东西。

笔飞墨舞，云海争奇。

创瞿山石涛之别调，

殆神仙之所栖也。

烟云变幻。墨华绚烂。

万物静观，终归平淡。

黄岳奇峰半入云。松声瀑吼渺难分。

瞿山昔擅传神举，三百年来有殿军。

（一九九四年）

荣宝斋赴日美术展题词

荣宝斋中多宝藏。

明清妙迹尤辉煌。

携来瀛海经梯航。

奇珍异品相评量。

目虽未寓堪赞扬。

荣宝斋香港有限公司开业贺诗

虹光宝气不胜收。绘妙书精尽上游。

久立中区腾雅誉，又推馀馥溉南陬。

荣宝斋更名一百周年纪念

四宝经营一百年。功垂翰苑有殊缘。

前身松竹荣名寿，文化云程不老天。

题北师大出版社大砚

天上紫云割一片。巨匠斫雕成大砚。

垂之不异锦绣段。彩毫濡染星文焕。

（一九九四年）

和裘沛然

首都酷热，承沛然同志见示大作次韵。

夏云如火日偏长。盼彻飞来五月霜。

遥想剑风楼上客，空心祛暑滇岐黄。

（一九九四年六月）

为北京三中二百七十周年题词

二百七十载，教泽最绵长。

远自雍乾世，人才辈辈强。

（一九九四年六月）

为《老人天地》题

岁月积累多，其人称曰老。

体力或有衰，经验十分饱。

引吭歌升平，提笔书春早。

颐养有乐天，阅世现真好。

存心常安详，处事无潦草。

往事不萦怀，斯为寿之宝。

（一九九四年七月）

为萧娴《秋籁》题画

枕琴宝主九十五。兴到笔飞而墨舞。

写得一窗秋籁声，驱却炎歊消酷暑。

（一九九四年七月）

为杨健健花卉写生题

卉木长新。彩笔回春。

艺通中外，造化精神。

（一九九四年十月）

贺天津大学建校百年

沽上耆绅桑梓情。讲筵初起已峥嵘。

百年贤隽呈材众，不负良师作育诚。

坛坫高标百岁周。树人大业见宏猷。

津沽自昔人文薮，更见江河万古流。

（北京师范大学敬贺，启功撰书。）

（一九九四年十月）

福庭同志自浙来，
喜谈杭州发展近况，出册索题，拈此求教

笔底发高歌。中华瑞气多。

西湖应最美，禹城好山河。

（一九九四年十一月）

为河南铁路工人张书玉刻汉砖题

磨刀刻汉砖。腕力大无边。

刻出人民语,拓片传千年。

(一九九四年十一月)

"财神大酒店"索匾字,不任,口占

酒店名财神。经营异样新。

来宾无限富,同是拜金人。

(一九九四年十二月)

题台静农画梅

傲霜凌雪绝世姿。孤山人仰向南枝。

分明五十年前影,望断重来杖履迟。

(一九九四年十二月)

书赠金泳三总统

舜帝诞诸冯。后来箕子封。

青编二千载,文化一天同。

民乐闾阎广,时和稼穑丰。

如今表东海,佳气正葱茏。

(一九九四年秋)

中国民主建国会成立五十周年纪念

民主精神。政治根本。

经济繁荣，国基弥稳。

五十周年，往者一瞬。

来日无穷，视此标准。

（一九九五年）

率　题

学各有长。邦家之光。

根深脉远，共慰轩黄。

（一九九五年一月）

画像自题

长成什么样，完全不由我。

画笔造化权，无可无不可。

（一九九五年）

书门敬告

光阴可贵。不能白费。

您只看看，我太受罪。

启功生病。无力酬应。

有事留言，君子自重。

（一九九五年五月）

奉题李铎书《孙子兵法》碑拓展

猿臂伸来录异书。淋漓点画古藤粗。

鸿都门下中郎笔，视此豪情逊不如。

六千文字百馀石，信手镌来若等闲。

纵使庞涓逃树下，也难擎此重如山。

（一九九五年夏）

抗日战争胜利 50 周年纪念

前事不忘，后事之师。

痛定思痛，念兹在兹。

务必自腐，而后重生。

自强不息，其谁敢欺。

（一九九五年八月）

望江南 次韵朴翁

龙头渚，嘉号甚堂堂。浩渺湖波涵半岛，蒙茏树色衬坛场。新塑梵天王。

（一九九六年）

济南书画联展志盛

一城泉水涌文思。九点烟岚照砚池。

可羡名都才艺盛，笔歌墨舞有余师。

（一九九六年）

为雅轩题壁

轩延雅士共凭阑。岛距江心四望宽。

为有阳光常照处，三冬北国不知寒。

（一九九六年腊月）

题 自 画

心光照处眼俱明。拾得花枝一两茎。

造化无心人有意，写他春晚殿群英。

（一九九六年）

题英雄谐瑞砚

鹰松谐韵是英雄。山骨端溪錾凿工。

巨手隃糜磨几寸，高辉椽笔写晴空。

（一九九六年）

叶笃正院士八十华诞

中国科学院大气物理研究所属，启功集诗品句为寿。

神化攸同。走云连风。

超以象外，积健为雄。

（一九九六年春）

纪念孙中山先生

一生奔走事成空。勋业临时瞬息中。

后世尊贤存雅望，终将一统让工农。

（一九九六年）

北京市档案馆新馆征题

编档子，录案卷。计人口，备文献。

国富强，岁清晏。开太平，欢声遍。

（一九九六年）

浙江日报周末文荟属题

周末文荟。众艺之最。

湖山所钟，群贤所萃。

（一九九六年）

北京师大学报四十周年征题

"前辈先生"，诸葛亮语，见空城计。

绵绵校史年龄。煌煌学术水平。

次第下征拙赞，难追前辈先生。

（一九九六年）

书条幅代赠礼

宪梓先生功在教育，奉此留念。北京师范大学敬赠，启功书。

科技兴邦。大业无疆。

德智体美，四育兼长。

精神文明，民族之光。

鸿施普教，国本辉煌。

（一九九六年十二月）

听琴三首

（一）

琴中有曲是幽兰。为我殷勤更弄看。
欲得身心俱静好，自弹不及听人弹。

（二）

毡帐胡琴出塞曲，兰塘越棹弄潮声。
何言此处同风月，蓟北江南万里情。

（三）

墙西明月水东亭。一曲霓裳按小伶。
不敢邀君无别意，弦生管涩未堪听。

（一九九七年）

偶　得

冻云四合雪漫漫。谁解当机作水看。
自向中峰闻半偈，居然火宅得轻安。

（一九九七年）

跋王雪涛花卉手卷

右王雪涛先生真迹，盖为友人示范之稿，稿留成束，都无题识。劫中散佚，此其一段也。老友俞公检劫灰得之见示，因书纸尾，以纪获观真迹之幸。

浮生岁月去无方。纸上唯留翰墨光。

淡泊心胸寥落笔，曾缘咬得菜根香。

（一九九七年）

跋王雪涛示范画稿

王雪涛先生示范画稿一束，劫中散落，此其一段也。视其笔迹，盖当先生五十余岁之作，涉笔成趣，是可宝也。丁丑冬日，启功病目题尾，书不成字。

卷中留得好春迟。造化随心各入时。

五十年前挥翰际，百花将放出墙枝。

（一九九七年）

十六字令　庆祝香港回归祖国

珠。合浦还来世所无。一百载，华夏史重书。

珠。光焕南天海一隅。高回首，国耻一朝除！

题文徵明山水

小诗八首，以千岩竞秀万壑争流为韵。

瑞雪丰年兆，江山分外妍。
青松伴桃杏，红到五云边。

朝气群山聚，行云万岭涵。
华滋新草木，苍翠拥松杉。

云低树影疏，峰峻岚光映。
时雨过崇朝，一洗巉岩净。

春至百昌苏，花发千岩秀。
读画笑眉开，欣增无量寿。

政通与人和，齐心同所愿。
将寿比南山，人比山多健。

广厦画图宽，国手今李郭。
山高水自长，仁智心同乐。

人寿复河清。山川万里晴。
春风归巷陌，处处听欢声。

当年顾虎头。语妙胜清讴。
万壑千岩颂，千秋更万秋。

（一九九八年一月雪窗，启功并书）

人民日报创刊五十周年纪念

开国半世纪，宏图史册垂。

邦畿千万里，何处不芳菲。

喉舌心声畅，欢欣众望归。

东方狮一醒，指日即腾飞。

（一九九八年春）

王昆从艺六十周年纪念

东风万卉长新枝。并国群歌动地诗。

激励人心白毛女，千秋艺苑仰宗师。

（一九九八年夏日）

题徐青藤手卷

道人醉后自含毫。墨海平添酒一瓢。

卉木不随群动息，欹斜竹石倚甘蕉。

昔年南国访天池。户外青藤似故枝。

更有名贤同老屋，梅迟曾此再栖迟。

（一九九八年）

奉赠欧阳先生

韩退之问牛奇章歌板之说，对曰乐句，退之叹赏。中石先生并善按拍，可称四绝。

三管齐挥书画诗。丹青之外见奇思。

郑虔应逊今贤博，檀板轻敲乐句时。

（一九九八年）

澳门回归志庆

旧迹濠滨三百年。今朝喜见举归鞭。

版图无恙珠双焕，恰并香江左右圆。

焚馀殿壁尚巍峨。旧译三巴圣保罗。

雅颂东西无异曲，泱泱四海发讴歌。

（一九九九年）

生日将到，述怀一首

李易安怕新来瘦。

启功却畏人赐寿。

我生周岁父病亡，

寡母一心万箭千刀伤已透。

不意病弱孤儿竟长成，

尊亲先友担忧不知我死何时候。

佛说上报四重恩，

恩人救我冤家助我万度千重报难够。

何功受祝或承觞，

颜似牛皮罪浮人发只有捶胸负其疚。

今将活满八十七周年，

再十三年依然一芳难留所遗仍是臭。

竭诚敬告诸亲贵友谅愚衷，许我低头钻地窦。

（一九九九年七月七日启功哀告）

客讶拙诗多题画之作，拈此答之

烟云草木卷中来。诗笔常因画笔开。

尘海无关风雅颂，免劳平仄到泉台。

（一九九九年十月）

古诗第四十一

偕友过长街，遇媪携幼子。

凄凉乞余钱，自言将饿死。

我手探衣囊，友臂奋力止。

至今存大疑，济贫非与是。

（前四十首见第六卷）

（一九九九年冬）

建国五十周年奉题

（一）

唐贤名句历千春。如见今朝雨露新。

到处尽逢欢洽事，相看总是太平人。

（二）

廿一世纪，鸿图更始。

祖国山河，繁荣似绮。

（一九九九年）

贺朵云轩百年庆典

世纪同龄一朵云。书林画圃同知闻。

九如更作无疆颂，长发中华艺苑春。

（一九九九年十一月）

隆福医院四十周年纪念

隆福原名刹，悬壶佐药师。

殊功唯济世，首善在扶危。

思邈方多旧，华佗术已迟。

卅年堪颂处，一市病人稀。

（二十世纪九十年代）

中国书画函授大学建校十周年征题

祖国方兴锦绣长。人民亿万笔头忙。

邮筒奔走勤相告，尽出山河百物昌。

（二十世纪九十年代）

题故宫博物院藏文物珍品六十卷

石渠著录散如烟。金阙犹标日月边。

民族交融成永固，文明璀璨溯先贤。

年垂百世今能识，天外奇珍可并传。

华表巍巍双券在，归来薄海望胎仙。

（二十世纪九十年代）

奉贺文物出版社建社四十周年

先民史迹最绵长。遗物昭垂万世光。

科技精工留影在，胜他仙术返魂香。

（二十世纪九十年代）

文物保护法公布十周年征题

保护文物，即是保护民族文化遗产，

实施法令，乃见爱国肝胆。

历时十年，成效璀璨。

如有未全施，及时贯彻未晚。

（二十世纪九十年代）

103

浙江大学建校一百周年

百年树人。席上多珍。

教学相长，事业弥新。

（二十世纪九十年代）

有 庆

小东先生、姜燕夫人结婚四十周年纪念。

婚有金银号，齐眉四十年。

寿翁弥健壮，仙媪更婵娟。

珍重甜心爱，凭教恣意怜。

灯前亲一吻，孙稚仰头看。

（二十世纪九十年代）

书 贺

人民美术出版社、荣宝斋新记成立五十周年敬贺。

人民美术最宜人。万紫千红别样新。

更有荣名传世宝，中华书画不凋春。

（二十世纪九十年代）

中国高校招生杂志征题

改革无限前程。多凭选拔群英。

科考古今不替，一年几度招生。

（二十世纪九十年代）

教育报社十周年纪念

教育报社十周年。启发民智功居先。

遍征题咏作祝颂，我惭辞拙无佳篇。

（二十世纪九十年代）

题董寿平先生书画影集

书画大师董寿平。风彩飘扬九十龄。

三友长春来笔底，果然愈活愈年轻。

（二十世纪九十年代）

105

赠晓泉先生

骤雨斜风十几春。如今重见月华新。

朝朝杖履湖边客，犹是当初散淡人。

（二十世纪九十年代）

为某校友会四周年题

四周年，不必忙。七十六翁仍健康。

结社团，集同窗。近结修业争寸长。

题大千先生画

东坡赞米元章曰："清雄绝俗之文，超妙入神之字。"元章答曰："更有知不尽处。"吾于大千先生之画亦欲云然，盖先生鉴目亦独绝也。此卷乃先生早岁戏拟石涛济师之作，即署济师之款，故尤为可贵。石涛之笔世所共珍，而大千先生故弄狡狯之笔，吾以为其可珍，不在石涛之下，因次画中原韵，附于卷尾，敬告赏音其慎藏之。

超妙入神知不尽，大涤翻身谁得省。

此是清雄绝世人，燃犀鉴目千秋冷。

（二十世纪九十年代）

跋寿道人画

寿道人得意之笔，获观因题

幽禽相伴应相怜。细物犹知友爱先。

身付劫灰残墨寿，可征人意不如天。

（二十世纪九十年代）

题友人笔记册

知所以学，学方有用。

读有用书，人始足重。

（二十世纪九十年代）

次萧重翁韵赠刘栋同志

镂玉雕金不计材。摩天巨刃试瓷胎。

缤纷似锦盈瑶席，霞蔚云兴眼顿开。

（二十世纪九十年代）

偶　题

四蹄碧玉黄金瞳。沙场万里追长风。

曹韩已往谁来者？恐非江左徐悲鸿。

（二十世纪九十年代）

107

北京师大赠礼　因题三件

木讷近仁，铎教及远。

金相玉质，声名永建。

二晏新声。一脉遥承。

文章异彩，华裔交融。

百年树人。沾溉莘莘。

民彝国脉，嘉业千春。

（二十世纪九十年代）

武汉晚报创刊三十周年

武汉名都会，新闻每夕刊。
发行周卅载，字字耐人看。

（二十世纪九十年代）

西泠印社建社九十周年

西泠结社忆前修。石好金佳九十周。
无尽湖山人共寿，钱塘江水证长流。

（二十世纪九十年代）

借砚漫笔，遂题小句

莲花如脸。莲叶如碗。
潦草成图，证吾手懒。

（二十世纪九十年代）

题梅花天鹅图

吕廷振笔，无忝宋元名宿，其遗作署款每遭挖改以赝唐宋人作，此幸残存，为可宝也。

宋格元风吕廷振。徐黄赵昌此心印。
观画踟蹰问主人，布席三朝应不吝。

（二十世纪九十年代）

题蓝瑛梅雀图

篱落横斜影未匀。却逢蝶叟擅传真。

引来翠羽殷勤甚，时报昭回大地春。

（二十世纪九十年代）

题恽南田梅石图

南田翁淡墨成图，冰清玉洁，觉岭上长林犹将自愧其芳，遑论
人间笔墨乎。获观附识，深庆眼福，因次老友旧题之韵以纪兴会。

吴绡一幅素屏开。古干寒香倚玉台。

试问楞伽廊上偈，天然无处著尘埃。

（二十世纪九十年代）

109

贺上海书法家协会成立四十周年

书艺人文。王谢精神。

江南一脉，万古长春。

（二十世纪九十年代）

题上海书法杂志

汉字结构，横平竖直。

乱抹瞎涂，无人能识。

上海所刊，书法杂志。

研究汉文，练习写字。

参考用心，借鉴有益。

艺业提高，可成大器！

（二十世纪九十年代）

题张明楼朝元图

圣哲相传万古长。三清心印最辉煌。

崇坛宝殿丹青壁，画手能辉日月光。

张氏明楼笔迹雄。群仙法驾共飞腾。

十年写出玄元境，三界同超证上清。

（二十世纪九十年代）

题 梅 花

数点梅花宇宙心。诗人吟咏太天真。

画家品学当年少，遂作西山槁项人。

（二十世纪九十年代）

借居京东宾馆避暑口占

曾闻仙子好楼居。几见云梯百丈馀。
今日京都第一所，褚先生笔未能书。

京东宾馆一楼红。寰宇嘉宾友谊浓。
今夏首都炎热最，开窗喜纳四郊风。

（二十世纪九十年代）

为少年书展作

祖国前程未有涯。要从养正识中华。
扛来巨笔抒心曲，写出菁英万朵花。

（二十世纪九十年代）

111

观印展有作

印人皖浙仰宗工。海汇燕都角众雄。
秣砺宏开疆场阔，艺术秾发韭花红。

（二十世纪九十年代）

题松窗居士遗作展

松窗居士遗作展敬题一首，万马图长卷惜不可见矣。

九夏清晨逸兴长。龙驹万匹共腾骧。

无端浩劫凋零尽，馀墨犹传异代香。

（二十世纪九十年代）

画　意

刹那转留宇宙奇。丹青相见愧差池。

山河锦绣堪收摄，此日神州处处宜。

（二十世纪九十年代）

偈　语

不在功夫慎独。不在闭关幽谷。

今朝自见本心，一往势如破竹。

（二十世纪九十年代）

补题少梅先生画作三首

少梅先生倏归道山，遗笔多未著款。每为补题，辄不胜回车腹痛之感。

游屟燕门盛一时。墨华璀璨上林枝。

最奇一卷空香色，却听声声画里诗。

寒玉诗怀近敌朝。五言诗句咏蒲桃。

当时何惜同挥洒，日观玄珠并一抛。

渔父珍图最有名。夕阳箫鼓晚波平。

至今几换人间世，又见东都许道宁。

（二十世纪九十年代）

113

赋得老而未退

伟大北师大，荣名四海闻。

抡材先教育，养老更崇文。

九十与八十，三人至四人。

白公脑软化，陶叟脊难伸。

钟老病住院，鲰生鬼作邻。

至今俱未退，昨日尚加薪。

贤路应重广，茅坑莫再蹲。

百年修校史，又是一番新。

（二十世纪九十年代）

知识分子

人生识字忧患始。此语偏激吾不喜。

谁知分类写标签，知识无多称分子。

隐隐约约似敌人，明明白白为客体。

闭目走路不看人，行人有眼却看己。

（二十世纪九十年代）

中州书法大赛题词

千人大赛古无俦。逐鹿书林笔墨遒。

万木草堂名句在，八方风雨会中州。

（二十世纪九十年代）

偶题二首

笔下金刚杵，云端财宝天。

李翁仙去后，遗颂已三年。

雨过泉声急，云归山色深。

峨嵋最佳处，倾耳听清音。

（二十世纪九十年代）

南乡子　洋河大曲酒厂招客品酒赋此

携手上层楼。柳媚花明四望收。主客殷勤高举起，金瓯。共祝当筵寿有秋。　　古酒说青州。今日洋河酿倍优。潋滟十分香十里，涎流。细品精尝莫饮牛。

题郭则沄红楼真梦

巧宦归来作素封。雪芹与汝马牛风。

千重颜甲迷真象，多见姑娘意态忪。

（二十世纪九十年代）

115

为紫禁城月刊题

北京紫禁城盖七百年之宫城也，溯自辽金，曾为别苑，其城墙宫室之营造，肇始于元，改建于明，而清仍其旧。历三王朝，今为全国最大之博物馆，与远近帝王陵墓同为游览之区矣。

万民力尽几沧桑。智众经营恨亦长。

终见金銮齐白屋，不教银汉隔红墙。

司宫博物三车逊，太史书年五叶荒。

从古一夫俱粪壤，愧它鸱尾立斜阳。

（二十世纪九十年代）

题洛神图

翠羽明珰意态新。居然如见水边身。

千秋绝艺称杨惠，未及精銮写洛神。

为京西宾馆题二姚图

洞庭木落楚天秋。记得潇湘帝子游。

渺渺诗怀何处写，自携彩笔上层楼。

（二十世纪九十年代）

刘凌沧画寿星麻姑

脑涨仙翁意态殊。都因劝酒有麻姑。

何人傅会长生谀，写作尘寰好画图。

（二十世纪九十年代）

孙墨佛先生百龄，次初大告先生韵，墨翁好临书谱

瀛海仙山岂足称。神州寿域喜同登。

山阴重见鹅群笔，吴郡难专草圣名。

松竹一庭娱好景，题签八百此先声。

秋阳膏膏同春色，举国欣瞻南山松。

（二十世纪九十年代）

依韵跋五代宋元诸家词

烬馀本五代宋元诸家词，谦牧堂抄本也，一氓翁属题，用册中旧韵。书为邵伯褧先生旧藏，题识甚详。

云淙健笔擅词坛。手疏缥缃语不刊。
擎戢代兴豪气在，更将馀力护丛残。

青栏细字间丹黄。玉振金声聚一堂。
一叟勤搜非好事，欲葄艺海发红桑。

题八大山人墨荷直幅

万顷香风水国秋。凌波十丈绿云稠。
墨林久说天荒破，放笔谁探最上游。

滴泪濡毫墨不干，山人易代感辛酸。
悬知今日神州好，应惜当时眼未宽。

（二十世纪九十年代）

与稚柳先生辩上虞帖真伪戏作

世称善眩有黎轩。宋刻唐摹竟异源。
岂独蚓长无二目，声宏亦自逊蛙翻。

世称卤煮有寒鸦。肉烂居然嘴不差。
敬与老兄同不伏，试看启写胜王爬。

（二十世纪九十年代）

为浙江省博物馆留题

懒游偏好望江南。处处登临迹未删。

最爱西泠桥畔路，故乡无此好湖山。

（二十世纪九十年代）

题名贤十家法书集

六书文化重神州。五十年来第一流。

曾见仙人挥健笔，龙翔凤翥共天游。

（二十世纪九十年代）

失　题

大业成功仗运筹。太平分得万方忧。

天威早振熙边境，金质重完祖国瓯。

杖履长同南岳峻，精神盛过大江流。

擎杯共祝千春寿，举世同声赞有秋。

（二十世纪九十年代）

偶　占

春秋责备贤者，造物计较好人。

一点莫留馀滓，十分成就全身。

（二十世纪九十年代）

题香港金陵书画轩

渺渺江天墨似金。丛丛花木聚珍禽。

钟山自古钟灵秀，霜晚今归翰墨林。

（二十世纪九十年代）

长安揽古二首

游唐昭陵

刘蹶嬴颠又几时，夕阳宫阙入沉思。

群雄初尽山陵起，八水分流日月驰。

深刻大书碑有字，鞭长刭利骨无遗。

一盘黑白楸枰子，和靖先生苦不知。

扑面黄尘入九嵕，温韬曾此剖玄封。

抛残玉匣珠襦处，尚瘗歼兄射弟弓。

燕啄何期遗祀换，香分应愧老瞒雄。

一生剪伐呕心血，转逊双铭四赞工。

（二十世纪九十年代）

119

题方小师墨印轴

方小师画功力湛深，足与黄尊古、王东庄相颉玩。其惬心之作每钤偶然拾得墨印。此卷山容树色一一入妙，开卷角下首见墨印，是可珍也。获观因题。

欲从云栈识荆关。展卷如登雨后山。

继轨四王称巨擘，小师点染最斓斑。

（二十世纪九十年代）

题和田美术馆

华胥兜率梦曾游。米老高歌北固楼。

异代有缘登百藏，一山好景足千秋。

和田美术成新馆，震旦神交似旧俦。

珍宝琳琅终有数，友情无尽满瀛洲。

（二十世纪九十年代）

和前韵再题

瀛壖名胜几番游。画境山梨处处楼。

长寿朱樱能入夏，四时绿树不知秋。

宏开美育民增福，振奋人文世寡俦。

二度登临诚幸事，谊联东海近神州。

（二十世纪九十年代）

四游日本和田美术馆

和田高馆四番游。美奂新增百宝楼。

前度繁花春上巳，今番佳境月中秋。

山迎裙屐融残雪，树拥轩车护碧油。

缟纻新开廿一纪，水天如镜海风柔。

（二十世纪九十年代）

忆江南　南游三首

江南好，春色满西泠。桥下清波天共碧，楼头人意见真情。诗兴柳摇青。

江南好，最美是西湖。金碧辉煌开古刹，梯航灯火起洋楼。四季独无秋。

江南好，最好是杭州。水上风来花影乱，船中人语柳丝柔。诗句满山楼。

（二十世纪九十年代）

深圳华为公司慨捐巨资为寒士助学，敬撰俚言，以志纪念

国之大本，人才最先。

材美志笃，或在孤寒。

廪饩膏火，昔出于官。

人民主政，互惠相援。

华为公司，急公好义。

巨资助学，足征高谊。

科教兴邦，此推盛事。

利国利民，群瞻赤帜。

（二十世纪九十年代）

题周阳高千岛湖图

千岛名湖吾未到，羡君一卷为传神。

烟霏雾结层峦好，笔妙诗佳意态新。

（二十世纪九十年代）

题董寿平画梅

此洪洞董寿平先生得意之笔，未及题识遽传入友人之手，盖展转传摹，遂如唐宋名图不待款字矣。

点额新装纪寿阳。图传山左有馀香。

长笺不待留题署，入眼分明出秘藏。

（二十世纪九十年代）

题萧立声书卷

长安城里食无鱼。食肉还遭众口嘘。

羸病比丘挥健笔，爱他坦白数行书。

（二十世纪九十年代）

为刘乃中先生书法集题

篆隶推秦汉，真行溯晋唐。

中华书艺古，千载有遗芳。

（二十世纪九十年代）

123

为中国电视报十周年题

电视报，十周年。

丰功伟绩纸上传。

好消息，播满天。

文化教育居其先。

（二十世纪九十年代）

铁流美术书法会成立纪念

墨汁回环作铁流。镕金铸玉庆丰收。

一张白纸千般彩，健腕柔毫各有秋。

（二十世纪九十年代）

郭沫若先生书法集征题

学者之书，保存真迹。

影印流传，永世无极。

（二十世纪九十年代）

题松泉图

若虬图，梅道人画，自题天目云云，为吴画神品，今已不知流落何许，惟馀松泉图一幅，今犹时时入目耳。

天目山前第四株。貌真昔有梅盦吴。

若虬一幅渺何处，慰情剩有松泉图。

（二十世纪九十年代）

跋　画

墨章水晕见风标。远逊梅盦近子昭。

为恐歆霉湮纸上，再求渴笔向山樵。

（二十世纪九十年代）

光明日报文摘报创刊廿周年征题

善政千金。摘录佳音。

及时远播，万众归心。

（二十世纪九十年代）

为师大周报三百期题

师生喉舌有周报。刊三百期显光耀。

教学相长日日新，万里前程此大道。

（二十世纪九十年代）

民族团结杂志发刊三百期纪念征题

纷繁民族数中华。万叶千枝共一家。

历代交融成手足，峥嵘文化出奇葩。

（二十世纪九十年代）

洮河砚征题

石出洮河。碧挹天波。

精雕成砚，发墨如何？

（二十世纪九十年代）

拟怀素体偶题

闲饮三杯酒，狂挥一兔毫。

吾生有此乐，远胜大熊猫。

（二十世纪九十年代）

次韵呈雷父

（一）

好句来天外，惊雷欲破扉。

人间无限乐，应是满天吹。

但有三分气，还吟这首诗。

未曾希帝舜，品种本东夷。

（二）

折翼原妖梦，何妨继续飞。

任他一个蛋，杀却若干鸡。

是属高人是，非俱小底非。

平生几束稿，不过百家衣。

（小儿百家衣以各色碎布拼成。小底即小的，北朝语）

闽南日报复刊十周年纪念

闽南日报复成刊。喉舌鸿开又十年。

从此风行周四海，纸张插翅似飞天。

（二十世纪九十年代）

十六字令　猫，五首

猫。性命相依品独高。须眉气，不在一身毛。

猫。公正无私迈贼曹。仓廪内，鼠雀耗全消。

猫。履险如夷意自豪。乔柯上，猛虎不能骄。

猫。护得琅嬛万卷牢。尊文化，试问有谁教。

猫。玉雪波斯万里遥。来异域，介寿胜蟠桃。

（二十世纪九十年代）

周思聪写兄弟民族生活奉颂

有生活，有意境。

笔轻墨淡气宁静。

人欢欣，面干净。

亲兄亲弟无争竞。

尹瘦石先生得拙笔旧作小幅属题

片纸依稀旧手痕。山川草木几番新。

赏音收拾红羊后，白发同经两度春。

（二十世纪九十年代）

为"四五六菜馆"题

昔写阴山春，今闻玉佩寒。

西州门咫尺，东海路修漫。

（二十世纪九十年代）

北大中文系九十周年系庆

宏开绛帐。教学相长。

九十周年，树人榜样。

谈诗有赠

手回云锦入扁舟。多宝归帆启上游。

勾降星文增匿匜，声驰地籁隐辀辂。

征题雅教惊披雾，和韵馀痴剩打油。

问我邯郸成步日，他生未卜此生休。

（二十世纪九十年代）

为吴作人先生题

作家在家。有暇无暇。

一挥十载，饱学五车。

年登大耋，名满天涯。

吾乡之望，祖国之华。

（二十世纪九十年代）

奉题茶文化节

中华特产。卢仝七碗。

赵州一句，大地醒眼。

（二十世纪九十年代）

题 墨

上海墨粉。功同墨瀋。

不用研磨，颇合标准。

（二十世纪九十年代）

为江西人民出版社题词

江西文献最葱茏。双井临川仰大宗。

三百年来书画苑，天井驴屋涌奇峰。

中华文化堪自豪。流通典籍见贤劳。

江西人民出版社，四十周年功最高。

（二十世纪九十年代）

为荣宝斋大砚题

端州石骨发虹光。缭绕松云鹤寿长。

我欲神糜磨一寸，挥毫题句满高堂。

（二十世纪九十年代）

说　砚

砚台多般，歙青端紫。

磨到天明，不过如此。

（二十世纪九十年代）

跋梁同书行书东坡诗

　　此山舟老人得意笔也，而笺尤雪白，足见藏者什袭绝不轻为舒卷。获尘池尾，何殊华衮之幸。

　　妙语东坡字字禅，截肪玉版泼松烟。
　　毫端响出仙翁手，水远山高世外弦。

（二十世纪九十年代）

题友人画团扇

　　秋来金色助秋光。淡淡幽姿淡淡香。
　　适自长缣观顾陆，又惊纨扇出徐黄。

（二十世纪九十年代）

131

俚句奉题夕阳红杂志

　　老年乐事正无穷。目不昏花耳不聋。
　　可识人间无限好，春风秋月夕阳红。

（二十世纪九十年代）

老干部联合书展奉题

晚知书画真有益。保健怡神胜博弈。

联合展览增友情，墨舞笔歌动四壁。

（二十世纪九十年代）

提笔便写

饭后入住酒店，有同席酒后索书，率拈书赠。

喝酒不能醉。酒价不能贵。

敬告杨汉鹏，现在快去睡。

（二十世纪九十年代）

跋陈师曾山水中堂

此师曾先生兴到之作，可宝也。

一轮秋月照秋山。寄傲诗人自闭关。

画到简时难再简，直令一笔莫能删。

（二十世纪九十年代）

题董寿平画竹

奉题寿老画竹，启功题草。

饱墨浓挥四座风。三湘云物忆葱茏。

爱他拂日凌霄处，百尺竿头万玉丛。

（二十世纪九十年代）

跋台静农法书卷

静翁书直逼晚明诸贤，沈雄欝勃，尤近倪鸿宝。好写前代名句，所选皆意致精深，何啻"六经注我"。拈于卷尾，宁负丰干之过。

133

剸犀笔势倪鸿宝，踵武才学台龙坡。

写得眉山绝世句，虹光腾上九霄多。

（二十世纪九十年代）

为新世纪题

亿众腾欢。满二千年。

明朝日出，世纪新天。

（二〇〇〇年一月）

题刘永福旧邸

刘公战绩炳青史，遗迹共仰三宝堂。

御侮由来贵自奋，不因人热是康庄。

（二〇〇〇年二月）

自题旧画

公元二千年夏日，睿翁启功重观题，时年八十又八

四十年前旧手痕。如今睿眼又重温。

其间无限沧桑事，方寸云山各自吟。

（二〇〇〇年）

俚句奉送丙铉大使荣旋

海天如镜好张帆。忆我东游又几年。

今日一杯燕市酒，敬为仙使再来缘。

（二〇〇〇年夏）

水调歌头　奉和苗公长兄惠赐介祝之作

八十零八岁，米寿赶时髦。费了若干茶饭，诸事尽徒劳。口说古今中外，目见玄黄天地，尾堕不须刀。且看虾蟆跳，纷纷是我曹。

多吃饭，少喝酒，岁增高。眼底黄斑病，纸上溺痕骚。如到潘家园去，处处拙书挂壁，商品远相招。敬向苍鹰道：不必察秋毫！

（二〇〇〇年）

跋　画

此怀宁邓叔存旧藏名迹也，风格依稀，宛然刘李解元题咏，又用少陵名句，众美骈罗，允宜什袭。敬草元韵一首，目眚三年，书不成字。启功八十又八。

胜地寻幽趣，青山一路赊。

紫荆多逸士，竹径隐奇花。

静会琴心远，高瞻雁阵斜。

偶然经荡口，便仿华公家。

（二〇〇〇年）

135

富春山居图复制本跋

原卷传至明末，为吴澂如所焚。又经梁诗正题为伪迹，竟使痴翁九天为之一叹！影本流传，得还千古面目，科技所赐，真堪泥首。

未完画本先题记，异世迷踪被火烧。

可恨藏家轻亵渎，吴门子弟罪难逃。

（二〇〇一年四月）

为西藏和平解放五十周年书颂

和平解放乌斯城。五十年来雪岭宁。

密教传承长不尽，三光日月共香灯。

（二〇〇一年六月）

中国共产党建党八十周年

（一）

八十周年。叶茂花繁。

岁呈丰熟，海现平澜。

改革开放，顺人应天。

传亿万载，国泰民安。

（二〇〇一年）

（二）

已到长城八十年。中华好汉见青天。

又逢改革重开放，十亿馀人乐欲仙。

（二〇〇一年）

题朱琳画

月殿云廊别有天。朱英翠盖助芳妍。

吾生久溷东华土，枉羡鸬鹚水国仙。

（二〇〇一年）

陈垣校长遗像传赞

陈垣（1880—1971）字援菴，广东新会人。清末廪生，见清政
腐败，有革命思想。曾拟学法律，见当时时疫流行，愤志学医，创
办光华医学校，同时创办报刊，宣传革命。后在北京办平民中学，
并以革命报人身份当选众议院议员，复任教育部次长，又以次长代
总长。其后历任北京大学及燕京大学研究所国学门导师。英华先生
创办辅仁大学，被聘为校长。解放后为更多更专贯彻教育事业加入
中国共产党。院系调整后仍任北京师范大学校长以至病故。赞曰：

清季生员，志存革命。

学法学医，教育为重。

面向标杆，史学居前。

亿万青年，品学当先。

夙兴夜寐，苦其心志。

身处洪流，不颠不踬。

世纪新天，师大百年。

励耘教泽，永世绵延。

（二〇〇一年）

汉宽仁兄世大人惠印志谢

箑叶临窗晓日初。失眠病目不堪书。

平生一眚滔滔是，九十年来记已无。

（二○○一年秋）

题溥松窗画竹

墨林写竹首松窗。雨叶风枝最擅场。

忆昔上元谈谜后，忽然急景见斜阳。

（二○○一年）

翰海公司五周年贺词

翰如林，墨如海。拍卖场中人竞买。

字千金，画万金。莫道钟王不及顾陆喜人心。

《诤友》杂志 100 期奉题

诤友刊行已百期。令名不负友兼师。

重光世纪新天地，拙笔平添一再思。

（二○○二年一月）

题赠中央党校学习时报

二零零二倍欣欣。世纪新开又一春。

师友共传成绩好，与时偕进是新人。

（二○○二年春）

贺新夏教授八十大庆

壬午三春拈句奉祝新夏教授八十大庆。启功再拜，时年九十，目疾未瘳书不成字。

难得人生老更忙，新翁八十不寻常。

鸿文浙水千秋胜，大著匏园世代长。

往日崎岖成一笑，今朝典籍满堆床。

拙诗再作期颐颂，里句高吟当举觞。

（二○○二年春）

139

中国工商报创办十五周年

工以造物，商以流通。

国强民富，世界兴隆。

（二○○二年五月）

为广东老龄委题

自强不息，与时偕行。

老当益壮，积健为雄。

（二〇〇二年五月）

获奖感言

中国书艺界举行"兰亭终身成就奖"，不佞功忝预其选，因拈二十八字，以志惭悚！时年九十。

千年书艺首兰亭。棰凿偏遭侧耳听。

今日宏文标奖状，后生惭愧守元灯。

（二〇〇二年秋日）

题校训碑

学府英名。祖国殊荣。

群伦领袖，教育高风。

周一百岁，学术峥嵘。

千秋万世，木铎长鸣。

（二〇〇二年）

北京师范大学百年校庆

新松千尺益青葱。旧校仍留木铎声。

四害蹄亢徒践踏，群贤教泽倍峥嵘。

励耘遗著今传颂，乐育高堂久得名，

从此更延千百载，中华师范有殊荣。

（二〇〇二年敬颂）

题　照

北京师大历届校友荣获特级教师称号者部分留影，时北京师大百年校庆。

五十馀年。选拔英贤。

文化教育，师表当先。

（二〇〇二年）

十六字令　以师字为题四首

喜值北京师范大学百年校庆，溯自一九五二年院系调整，不佞功得转预师大教席，于今已近五十春秋。无功受禄，弥增惭愧。敬拈俚句，以申祝颂。时目疾未愈。

师。校庆佳辰合有诗。瞧不见，只得唱盲词。

师。陋劣无成老更痴。年九十，无复壮年时。

师。眼底黄斑见物迟。难成字，纸上画柴枝。

师。月月工资未少支。无贡献，惭愧自家知。

（二〇〇二年）

十六字令　师字又一首

师。百年坛坫我生迟。今闻道，勉力学而思。

（二〇〇二年）

坚决扫除“非典”病疫

公元二〇〇三年五月，启功病目起草，时年九十。

老鼠未过街，欲打只能喊。

瘟疫却无形，简名曰“非典”。

晨起发高烧，过午已发喘。

黄昏日落时，气塞不能缓。

医者割喉咙，喷秽全房满。

左右医护人，一律遭传染。

又或体温低，瞬息全身软。

不待求医生，已觉生命短。

天意重生民，百工各有术。

耕种与庖厨，医疗兼看护。

医护服白衣，神职天所付。

病者一人瘳，天使心同祝。

患者虽有增，市民心安宁。

百货足日用，行旅无留程。

疫为万恶首，人为万物灵。

寄语告“非典”，天下终太平。

（二〇〇三年）

浙江省博物馆建立五十周年纪念

浙水古迹，首尊禹陵。

钱王赵帝，偏安之宗。

曲端武穆，乃真英雄。

九州一统，始自明清。

辉煌文史，金石碑铭。

一馆所蓄，属众心听。

始建五秩，千载堪徵。

（二〇〇三年秋日，宗法诚富，不依官韵）

跋蒋溥绿玉芝图册

143

巨柄灵根九朵芝。乾隆一代富文辞。

峥嵘大册群公笔，多少名贤我未知。

自题联语

一生荡气回肠命
小住浮光掠影楼

莫明其妙从前事
聊胜于无现在身

（二十世纪八十年代）

知 行 联

行文简浅显
做事诚平恒

（二十世纪八十年代）

赠傅璇琮先生

文献纵横供傥论
丹铅勤苦证名山

（一九八五年秋）

吴敬梓先生纪念馆联

文木高标垂雅范
阳秋健笔仰传奇

（一九八六年秋）

挽梁漱溟先生联

绍先德不朽芳徽，初无意，作之君作之师，甘心自附独行传
愍民生多般苦谛，任有时，呼为牛呼为马，辣手唯留兼爱篇

（一九八六年）

挽柴青峰先生

节乐见生平，业广三馀，众里推君才学识
切磋真死友，心伤永诀，梦中索我画书诗

（一九八八年）

挽陆宗达先生

身后千载名，学继章黄，韦编三绝传不朽
生前一杯酒，谊兼师友，痛定再拜哭离群

（一九八八年）

苏州狮子林联

怪石聚奇观，万窍风来狮子吼

名园饶胜概，千家诗发海潮音

（一九八三年冬）

应征春联

梅柳迎春，万里东风绽桃李

椿萱含笑，一门和气乐桑榆

（一九八六年为《燕都》杂志题）

预挽某先生

余冠年涉世，此君事事相扼。然当时苟相容，余之寡陋，当十倍于今也。

玉我于成，出先生预料外

报君以德，在后死不言中

（一九八六年夏日）

赠郑文光同志

鲸鱼碧海诗才富

凤羽丹林赋笔奇

（一九八八年秋拈奉）

赠退休工人联

书似杨凝式句，赠退休工人。

有酒万事足

无官一身轻

（二十世纪九十年代）

贺荣宝斋三十五周年

荣誉重书林，三十五年推雅望

宝藏增艺圃，百千万品聚奇珍

（二十世纪九十年代）

江山楼联语

胸中垒块正宜酒

天下江山第一楼

（二十世纪九十年代）

题伯实画梅联语

雪后园林才半树

水边篱落忽横枝

（二十世纪九十年代）

挽李苦禅先生

半世历颓波，饱阅人情，几度横眉遭众妒

一瞑堪自慰，重苏画笔，八旬摩眼见中兴

孚祐帝君庙联

乃圣乃神，千古威灵垂海宇

至刚至大，弥天忠义祐苍生

挽王雪涛联

写生迈华新罗，自有丹青传不朽

挥毫惊毕加索，谁知荣瘁各殊途

（一九八二年冬）

诤友杂志创刊纪念联语

虚心涵瑞露

直节振祥音

（二十世纪九十年代）

桂林古南门联

青绿裹山州，造化染成天上色

方舆标代谢，行人指点宋遗门

（一九九二年三月）

戏做嵌字联

赠家希、嘉麟兄妹，乃勤、顺玉夫妇。

家事希贤传茂业

嘉祥麟庆诞英才

乃文多识勤为本

顺理知方玉大成

（一九九三年）

为连云港撰联语

海阔连云港
珠联競艺场

（一九九四年十一月）

贺北大校庆

马列同尊建国万岁
德赛并重树人百年

（一九九六年）

北京师范大学校训

学为人师
行为世范

（一九九七年）

贺虎年联

虎啸风清年丰物阜
龙吟海谧国泰民安

（一九九八年）

借居拟联

在宿舍楼群中，借得小窗半间，以避嚣撰稿，因题一联

狡兔虽多，谁曾见，静几明室，钻他三窟

闲谈渐少，或真能，平心静气，献我馀生

（二十世纪八十年代）

赠董桥联

窥园圣学传繁露

纳履玄机获素书

（二十世纪八十年代）

为遥青作联

得与天下同其乐

不可一日无此君

桂林烈士墓联

取义舍生永垂青史

经天纬地无愧红星

（一九九二年）

祝锺敬文先生九十六寿辰撰联语

十年以长公真健

万卷新传自著书

（静闻先生九旬晋六大庆，后学启功）

（一九九八年三月）

挽吕叔湘

探语法辨修辞，先路辟蚕丝，业广千秋尊硕学

培国本育英才，丰功垂禹甸，辉腾四裔仰宗师

（一九九八年四月）

153

为澳门回归作联语

玉兔欢腾，喜迎澳门回归

金龙集庆，一日跨越千年

（一九九八年四月）

为江山楼题联语

中华儿女多奇志

天下江山第一楼

（一九九八年六月）

参 禅

为有有情痴，但示不言皆般若

亦无无明尽，故知一笑即菩提

（一九九九年）

新世纪联

千春喜见群与颂

一代新猷肇岁华

（二○○○年一月）

贺山东大学 100 周年

千春教泽传东鲁

百岁弦歌仰岱宗

（山东大学百年纪念，北京师范大
学敬赠，二○○一年夏日，启功撰书）

挽锺敬文先生联

早辑风谣，晚逢更化，盛世优贤诗叟寿

独成绝诣，广育英才，髦年讲学祖师尊

（二○○二年一月）

悼王静芝先生挽联

迟长三年，论艺弥谦增我愧

一眠千古，遗文永寿仰公贤

（二○○二年十一月）